DU MÊME AUTEUR

Suite des œuvres de Michel Onfray en fin de volume

LE DÉSIR ULTRAMARIN

MICHEL ONFRAY

LE DÉSIR ULTRAMARIN

LES MARQUISES
APRÈS LES MARQUISES

GALLIMARD

À Denis Mollat
À Mathilde, Rémy et Maxime
À Dorothée, en souvenir de l'Anneau

Païens sont tous ceux qui disent oui à la vie

NIETZSCHE, *L'Antéchrist*

1

« Ici la mer vit, et bat, et ronge »

Victor Segalen, médecin militaire diplômé de l'École de santé navale de Bordeaux, n'aime pas la mer. Il a horreur de sa banalité. Elle n'est rien, sinon un espace dans lequel le temps se dilue. À ses parents il écrit : « Moi je trouve la pleine mer peu emballante, nauséeuse et bête. Ce que le large a de plus intéressant, ce sont les terres qui surgissent du cercle strict de l'horizon » (23 janvier 1903). Le même Segalen, médecin, n'aime pas non plus la médecine.

Affecté à servir sur un bâtiment mouillant dans le port de Papeete, il effectue un long voyage. Il part du Havre pour New York. Puis il traverse l'Amérique d'est en ouest pendant quatre jours. Rejoindre Tahiti depuis San Francisco lui en prend douze. Ce long temps vide lui est moins l'occasion d'expérimenter la magie des nuages et la musique des flots, les variations de lumière et les textures de l'atmosphère, le parfum des embruns et l'odeur forte de l'iode au milieu de nulle part, voire de guetter à la surface de l'eau la trace d'un banc de poissons ou le passage de baleines et de dauphins, sinon de chercher le poisson volant, que de lire, de s'enfermer dans sa cabine, de prendre des notes. La mer est avant tout l'espace mental dégagé par un immense temps libre aussi vaste que l'étendue d'eau.

Dès lors, le voyage en avion n'est guère différent des milles que Segalen avale en bateau. Il embarque, il traverse sans rien regarder, puis il débarque. Voilà tout. Entre deux, il a rêvé le lieu, il l'a pensé, il l'a souhaité et désiré.

Dans l'habitacle bruyant du Boeing, je relis Segalen et la biographie d'Henry Bouillier. J'avais lu tout cela il y a trente ans, jeune homme plein de ferveur pour l'écrivain nomade, et souligné des passages qui me font sourire aujourd'hui pour le portrait qu'ils montrent de moi au siècle dernier. Pour le reste, j'y traquais à l'époque le mécanisme de construction d'une vision du monde post-chrétienne, païenne, athée, bien que soucieuse de spiritualité.

Il ne m'était pas apparu alors que le biographe, universitaire, rechignait tant à la critique qu'effectue sans cesse Segalen de la religion chrétienne. Selon Bouillier, il n'attaquerait dans le catholicisme que la bigoterie infligée dans ses jeunes années par sa mère ; il utiliserait une plume pamphlétaire, donc disqualifiée pour la vérité ; il critiquerait moins le christianisme en particulier que les religions en général, ce qui diluerait d'autant les attaques nietzschéennes contre la religion chrétienne, qu'il vise bien plus que le bouddhisme, le taoïsme ou l'islam.

Or Segalen est un véritable nietzschéen, oublié par presque toutes les analyses savantes et universitaires de la pénétration de l'œuvre de Nietzsche en France au début du xxe siècle. Il est moins antichrétien par ressentiment à l'endroit de son enfance que par désir de créer, de se créer une morale postchrétienne qui soit une éthique esthétique. S'il en veut aux curés ou aux pasteurs, c'est parce qu'ils ont tué ce qu'ont cherché deux de ses modèles, Rimbaud et Gauguin, sur les traces desquels il se rend – au Harar pour le premier, aux Marquises pour le second. Ces deux-là cherchaient la « liberté libre » chère au cœur du poète de dix-sept ans.

Dans l'avion qui me conduit vers Segalen, j'expérimente la dilution du temps : de Paris à Los Angeles, le vol s'effectue contre la Terre qui tourne. Elle va dans un sens et l'avion dans l'autre. La nuit se refuse à tomber. À onze heures du soir, heure française, il fait encore plein jour, de cette lumière dont le grain me semble contemporain des débuts de la création.

Le commandant de bord m'a invité dans le cockpit. Il me raconte comment on trace une route en me montrant les cartes, puis les bulletins météo qui arrivent dans l'habitacle sous forme d'un message régurgité par un fax. Les moteurs ronronnent derrière nous. Nous survolons l'Islande. Elle est cachée sous les nuages. Quand quelques-uns d'entre eux se déchirent, on aperçoit des sommets enneigés.

Plus tard, quand les nuages se sont effilés et ont disparu, une myriade d'icebergs apparaît. Les gros blocs de glace flottent sur l'eau bleue tels des confettis blancs. Au loin se découpent les côtes du Groenland, menaçantes comme une géographie mythologique. Je songe que, quand les Vikings découvrent cette île immense, ils la nomment le *pays vert* – preuve que le réchauffement climatique a couvert tout cela de glace depuis...

Je retourne en cabine. Je quitte alors le temps cosmique de la nature, celui du plein jour, pour le temps chronologique des passagers, la nuit aux odeurs fauves. Les lumières sont éteintes, les hublots occultés, tout le monde dort ou essaie de dormir. Des liseuses trouent la nuit sociale. Les corps dorment parce que la montre le demande, l'exige. Quelle heure est-il ? Celle du lieu d'où nous venons, de l'endroit vers lequel nous allons, ou de la géographie dans laquelle nous nous trouvons ? C'est incontestablement celle du corps socialisé, plié dans les draps de la culture.

Je retrouve ma place. Je reprends Bouillier. Il dit ce qu'est faire une biographie au lieu de la faire. Enfant et adolescent, ce Segalen de papier ne bouge pas, n'a pas de vie, de chair ou de corps. C'est pourtant là que se noue l'essentiel d'une existence. Le poète Wordsworth l'a écrit et pensé bien avant Freud qui l'a lu : « L'enfant est le père de l'homme. » Or, sur les photos de famille, le petit Victor a le regard triste, infiniment triste. À l'âge adulte, Segalen conserve ce regard mélancolique, un regard de myope qui cherche où est le monde. Son visage pourrait être ravagé par le feu, il serait encore et tout de même pleinement exprimé par la façon dont l'iris crée un vortex autour de ses pupilles. Le regard de Segalen vrille et troue, mais plus loin que ce qu'il regarde.

Los Angeles douze heures plus tard. Le vol est direct Paris-Papeete... mais avec une escale technique pour le carburant ! Deux heures et demie à piétiner dans une file d'attente qui dégage des odeurs animales, sueur et musc, gras et suint. On ne sort pas de l'aéroport, mais c'est administrativement la même chose que si l'on entrait dans le pays. Fouille au corps comme si, entre Paris et Los Angeles, un quidam avait pu faire entrer de quoi menacer la sécurité de l'avion et des passagers ! Quelle heure est-il ? Il fait nuit. La nuit qu'il devait faire dans le château de Kafka. Une nuit policière et bureaucratique éclairée aux néons blancs. C'est la tour de Babel horizontale d'une société policière qui, avec les guerres qu'elle déclenche sans fin dans le monde, crée partout sur la planète les terroristes qu'elle prétend pourchasser parmi les touristes.

Embarquement pour le vol vers Papeete. Le service de repas dans l'avion est censé fournir les repères sociaux : dîner c'est l'heure du dîner, petit déjeuner c'est l'heure du petit déjeuner, déjeuner c'est l'heure du déjeuner, extinction des feux c'est l'heure de dormir, allumage de la lumière c'est l'heure du réveil. Mais à ma montre restée à l'heure française, ces heures ne signifient plus rien. L'heure du dîner dans l'avion est celle d'un *quatre heures,* comme on disait dans mon enfance, dans mon village natal de Normandie, mais il est petit matin à Papeete vers lequel je vais. Le temps social est aplati, pulvérisé, explosé, diffracté. Je ne suis plus qu'une durée qui dure sans les repères qui permettent au temps d'émerger de toute durée. Une durée qui dure dans un espace qui, lui aussi, se trouve déconstruit : quelque part entre Los Angeles et Papeete, en plein océan Pacifique.

L'arrivée à Papeete se fait dans un autre temps, celui des antipodes : quand il est midi ici, il est minuit en France. Autrement dit, cet ultramarin est antipodique d'un point de vue du temps et de l'espace, donc de l'histoire et de la géographie, il l'est donc également d'un point de vue ontologique et métaphysique, spirituel et existentiel.

De sorte que nombre de voyageurs qui ont essayé de se perdre ou de se retrouver, disons : de se perdre pour se trouver, ont choisi cet endroit du monde où l'on vit quand ses semblables dorment, où l'on dort quand ses semblables vivent, et ce pour abolir le monde qu'ils fuyaient. Ici, je vis ; là-bas, ils dorment. Les autres sont comme couchés dans un néant qui les abolit.

Mais les choses ne sauraient être aussi simples. On ne voyage qu'accompagné de soi et ce que l'on pourrait vouloir fuir n'a pas même à nous rattraper puisqu'il ne nous a jamais quitté. Au bout du monde, les problèmes de qui a voulu les fuir arrivent exactement à la même heure que lui. Les antipodes ne sauraient constituer un autre monde, puisque c'est le même monde. L'envers du monde n'est pas l'autre monde, pas plus qu'un gant retourné n'est un autre gant...

Dans une lettre à ses parents, Segalen raconte

son arrivée par mer à Tahiti : « C'est, en face, dans un ciel pâle, la découpée brutale et douce de l'île désirée. Elle se lit inscrite en violet sombre sur la plage délavée du ciel. De gauche à droite, un éperon longuement effilé, puis une crête déchiquetée qui le prolonge, puis deux pics, dont le géant de l'île, puis un autre sommet, et encore une pente lente vers la ligne d'horizon. Deux plans : les sommets durement accusés, et comme incrustés d'un trait de vitrail, et les versants, très doux et verts veloutés, perdus en bas dans le pailleté frémissant de la mer. Les brisants sont le récif de corail délimitant une blancheur qui tressaute et s'irise ; l'air s'emplit de bouffées tièdes et de parfums caressants. Et sur la gauche, là-bas, le soleil grandit derrière la pointe de Vénus » (23 janvier 1903). C'est ainsi qu'il aborde ce qu'il nomme la « silhouette triomphante de Tahiti ».

Il n'y a plus aucune trace de Segalen à Tahiti. Pour la plupart des choses, ce qu'il a vu n'est plus – sauf la ligne de crête de l'île de Moorea qui fait face à Tahiti. Les maisons de bois ont pourri à cause de l'humidité et du sel. Le port accueille aujourd'hui de gros containers remplis de voitures, des bateaux qui ignorent l'acajou et le bronze, des voiliers de milliardaires. Seuls le ciel, la lumière, le chant des oiseaux, la carnation des plantes, les couleurs de la mer restent contemporains de

Segalen. Car on peut souvent se baigner deux fois dans le même fleuve, il suffit pour cela d'avoir une mémoire poétique – créatrice de mondes perdus, disparus.

La sortie de l'avion dans lequel l'odeur est celle d'un sous-marin après une longue plongée en eau profonde offre le premier renseignement donné par l'île : avant toute chose, la température, l'hygrométrie. Le corps entre dans une ouate enveloppante. Touffeur, tiédeur, moiteur. Je me métamorphose sur-le-champ en plante tropicale : la chair se vrille comme une liane autour de l'âme. Le parfum est celui d'un humus puissant, une terre fécondante et fécondée, un fumet sauvage de fleurs capiteuses et de plantes inédites.

Sur la passerelle de l'avion, surplombant l'aéroport, on se trouve comme sur un belvédère donnant sur le crépuscule. Les premières lueurs solaires de la journée : un camaïeu d'orange, de pourpre et de jaune liseré de traînées bleues et violettes. De longs traits rouges dans une nappe d'or. On voit aussi la surface argentée de l'eau de la mer, un acier tendre.

Les vingt-quatre heures de vol se sont effectuées dans le vacarme des réacteurs. La spirale peinte en blanc sur le cœur de l'un d'entre eux tourne encore lentement. Ils ont cessé de hurler.

Le silence fait du bruit. Ce bruit ressemble à celui qu'on entend en portant l'oreille à une conque – la mer dit-on, en fait la pulsation du sang qui parcourt le corps. De cette mer de sang affleurent les bruits de la vie sur le tarmac.

La métamorphose de la nuit en jour s'effectue à vive allure. L'aube prend la couleur des petits matins blancs quelques instants avant que la lumière douce ne nimbe toute chose. Sur le visage du quidam, il semble qu'un dieu païen ait posé une fine pellicule d'or, comme un signe de bienvenue. Du rougeoiement céleste à la poudre d'or sur les corps, une poignée de minutes a suffi.

Dehors, de plain-pied avec la ville, on aperçoit d'abord le mur de végétation des monts alentour et les maisons à flanc de collines. La vie qui s'écoule doucement, là, dans un nouveau matin du monde, quand, en Europe, l'obscurité recouvre tout pour une longue nuit à venir.

Quelques arrivants portent un collier de fleurs autour du cou. Fleurs fraîches et crûment colorées, elles sont un art ancien et éphémère, une esthétique de la politesse. L'amie géographe qui m'accueille à l'aéroport me dit en souriant qu'à l'époque des longs voyages en pirogue qui contraignaient à des toilettes sommaires, les fleurs servaient aussi à masquer les effluves un peu sauvages des voyageurs. L'artifice du parfum a longtemps été une contre-odeur naturelle.

Le matin se déplie et se déploie tranquillement. L'or s'efface au profit d'une lumière blanche et de la chaleur qui l'accompagne. La vie, ici, est moins rapide, moins brutale, moins stressée. Le climat génère une façon d'être. On a trop moqué Montesquieu qui écrivait des choses sur lesquelles on ferait bien de revenir : la géologie donne une géographie qui produit une histoire. La glace des peuples polaires, le sable du désert africain, la steppe des peuplades caucasiennes, la forêt tropicale amazonienne produisent des idées spécifiques à la zone qui leur sert d'écrin. On ne pense pas à Tahiti comme à Moscou, on ne vit pas aux Marquises comme aux îles Lofoten.

Ainsi, dans un pays sans aucune saison, on ignore les rythmes des cycles qui produisent intellectuellement un temps qui se déplace. Là où il y a des saisons, les paysages changent et le corps suit ces métamorphoses avec des aliments ad hoc : les châtaignes ne poussent pas par hasard en hiver, quand on a besoin de calories et de graisses pour traverser les périodes froides, ni les melons en été quand le temps est venu de se rafraîchir sans grossir dans les périodes caniculaires. « La nature est bien faite », comme disaient les vieux dans mon village quand j'étais enfant. Sous cette phrase simple, presque banale, se dit une vérité méta-physique cardinale. Mais l'on passe à côté du vrai aussi souvent qu'à côté de la vie.

À Tahiti, il n'existe aucune saison. Du moins, aucun changement notable de saison. Dès lors, le temps ne se déplace pas, il stagne, il fait du surplace, il est toujours déjà là. De sorte qu'en Europe où sévit le temps des longueurs de jours et de nuits qui changent, des saisons qui se succèdent, le temps est mouvement là où, dans cette partie du Pacifique, il est un avant-goût de l'éternité. Non pas une «image mobile de l'éternité immobile», pour parler comme Platon, mais une image immobile de l'éternité immobile. Un propylée au temple de l'infini.

Cette présence simple au monde réel définit une ontologie de l'immanence : on est là, ici et maintenant, pleinement, vraiment. On se satisfait de ce qui est parce que le climat donne la mesure : constance de l'être. Du soleil toute l'année. Le jour se lève et la nuit tombe aux mêmes heures, d'un seul coup, comme un rideau de fer levé ou baissé à heure fixe. Quelques secondes pour passer de la nuit au jour et du jour à la nuit. Ici, l'aube ne traîne pas, le crépuscule non plus.

On m'avait déconseillé d'enchaîner l'arrivée sur Papeete et le départ pour les Marquises qui exigent un nouveau voyage de trois heures. Trop épuisant, trop éprouvant, m'avait-on dit, de les ajouter à vingt-quatre heures de vol. J'ai donc profité de la nuit pour écouter au loin les vagues qui s'écrasent sur le lagon, puis le chant et le bruit des animaux nocturnes et noctambules. Chaleur tiède de la nuit au beau milieu de millions de kilomètres carrés d'océan. La Polynésie est une « poussière de monde », écrit Segalen. Être poussière dans cette poussière est une sensation qui écrase ceux qui se cherchent, ou qui se sont perdus, mais qui élargit ceux qui se sont trouvés.

Lecture de ses livres à nouveau, mais dans les lieux où il fut. Ses descriptions sont souvent géographiquement précises parce qu'il écrit tout simplement ce qu'il voit. Lire sa description de la ligne d'horizon de l'île sœur est une chose ; une autre de découvrir ce tracé électrique bleu-gris sur un ciel d'azur pur ; une autre enfin celle de lire puis de regarder ce qu'il a vu, ou l'inverse. À coup sûr, cette ligne grise dans le ciel n'a pas changé. Elle est contemporaine de Segalen.

Au réveil, plongée. L'eau est tiède, chaude, bleue. On y entre comme dans une fête. Le soleil tape sur l'eau et dessine sur les fonds de sable blanc un maillage de lumière, un treillis de clartés électriques. Parfois, les poissons qui passent au-dessus de moi ne sont visibles que par leur ombre portée sur le sable, une trace grise qui conserve leur ondulation, leur souplesse et leur vitesse.

Les poissons sont la plupart du temps agglutinés sur les bancs de coraux : des bleus minuscules, de jolis noirs avec des points blancs, de gros multicolores avec des becs de perroquet, des gris passe-partout, des carrément rouges, des scalaires indolents, mais aussi des concombres de mer, gros boudins tombés à même le sol, deux fois aussi, j'ai vu passer un genre d'orphie, serpentiforme au long bec. Un paquet de tout petits translucides vient chercher la surface. De temps en temps, contre mon corps, je sens l'un d'entre eux qui m'effleure, qui me touche.

Un autre, plein de couleurs luisantes, nage à quelques centimètres de mon visage. Il me regarde ; je le regarde. Que pense-t-il ? Du moins : quelle représentation a-t-il de ce qu'il voit ? Quelle conscience a-t-il du monde dans lequel il se trouve ? Heidegger dit des animaux qu'ils sont « pauvres en monde » ; je crois que c'est le philosophe allemand qui est pauvre en monde en estimant que le monde, le seul monde, c'est celui qu'il voit de façon empirique ou conçoit sur le mode nouménal. Car les poissons ont des moyens de communiquer qui s'avèrent bien supérieurs par leur efficacité sublime à ceux des humains.

C'est l'auteur d'*Être et temps* qui est pauvre en monde en étant incapable d'imaginer qu'il n'y a pas d'autre monde perçu et conçu que le sien.

Ce regard de poisson m'interroge : il me regarde, il me voit, il circule dans son corps des informations dont les humains ignorent la nature et la fonction. Les hommes vont sur la Lune, ils envisagent un voyage vers Mars dans le but d'en faire une planète habitée, mais le premier petit poisson venu reste une énigme. Je n'oublierai pas le regard de cet animal qui avait cessé de nager pour se mettre devant mon masque, qui me regardait, immobile dans le courant, et dont je voyais les yeux bouger dans leur cavité comme quand quelqu'un fait fonctionner son regard pour comprendre.

Un baliste me regarde, puis descend vers le fond. Le nez dans le sable, à la verticale, il souffle puissamment et fabrique un nuage autour de sa bouche. Il sort ainsi un coquillage de sa cachette. Il le happe, le croque en deux mouvements et recrache la coquille écrasée avant d'avaler le mollusque. Puis, indolent, il recommence ailleurs. Je le suis.

Je songe sous l'eau que, dans tous ses textes, Segalen n'a jamais parlé de se baigner. Il fut radicalement un homme de terre. On imagine mal que, né à Brest, ayant voyagé sur toutes les mers du monde, il n'ait pas su nager et qu'il n'ait jamais nagé. Rien dans ce que j'ai lu ne le montre nageant dans l'eau chaude du Pacifique. L'hédoniste païen qu'il fut avait pourtant là, dans ce contact de la chair avec la mer, matière à une jubilation simple. Il est vrai qu'en Occident, le bain est alors une prescription médicale pour les bourgeoises qui s'ennuient – une psychanalyse sans divan. L'eau de mère, aurait dit Lacan...

Je sors de l'eau habité par le regard de ces poissons. Je découvrirai ensuite leurs noms : le perroquet, le chirurgien strié, le poisson-papillon lune, le chromis vert, le poisson-ange, le rouget tropical, le baliste Picasso, les demoiselles à queue blanche.

Leur vie sous l'eau vaut notre vie sur terre. J'y ai vu ce qui semblait une parade nuptiale, ce qui paraissait être une joute, ce qui était pure indifférence, mais aussi des poissons solitaires ou des individus qui ne se déplaçaient qu'en bande, des beaux séduisants, des laids répugnants, des malins et des balourds, des méditatifs et des vifs. Plus tard, j'ai nagé avec des requins pointe blanche sans les voir – on les voyait pour moi...

Le vol pour les Marquises exige un réveil de bonne heure. Mille cinq cents kilomètres séparent Tahiti (qui fait partie de l'archipel de la Société avec deux grands groupes, les îles Sous-le-Vent et les îles du Vent, dont Tahiti) d'Hiva-Oa, l'île de Gauguin, qui fait partie de l'archipel des Marquises. Si l'on superpose une carte de la Polynésie à une carte d'Europe, on obtient une surface comparable. Dans cette configuration, si Tahiti se trouve à Paris, l'archipel des Marquises figure en Suède.

Trois heures de vol prévues. Une fois encore, le commandant de bord est l'un de mes lecteurs ; une fois de plus, je me retrouve dans le cockpit. Pendant le trajet, nous survolons deux atolls, de petits anneaux affleurant remplis d'eau turquoise en pleine mer à des milliers de kilomètres de tout. On distingue des pistes, de la végétation et de petites agglomérations urbaines. Puis l'avion passe, laissant cette poignée d'humains seuls, tout à leur destin, en plein milieu du Pacifique. Le pilote me confirme que les habitants disposent d'électricité, d'internet, de téléphone. Il y atterrit parfois pour déposer deux personnes et en reprendre trois. Grandeur de l'État français...

Nous entrons, sans que les pilotes l'aient vu, dans le «nez d'un nuage» comme ils me disent ensuite. Fort coup de tabac... La météo s'annonce mauvaise sur les Marquises. Temps bouché, ciel bas. L'entrée dans les nuages secoue en effet l'appareil. Nous cessons de parler. Le pilotage devient sportif.

L'avion va tenter de se poser à trois reprises et devra remettre les gaz à chaque tentative : une fois, la piste est invisible et le sol trop proche ; une autre, la piste est visible, mais trop tard, à cette altitude, l'atterrissage est possible, mais la sortie de piste, pas du tout exclue ; une troisième fois, après changement d'angle d'attaque, la piste est invisible et le ciel trop bas. Après une heure de vol à essayer de trouver la bonne entrée en tournant autour de l'île qui se refuse sous les nuages, l'avion aborde l'atterrissage sous la pluie. La piste fait cinq cents mètres de long et elle est perchée à quatre cents mètres d'altitude. La tour de contrôle est bricolée sur un bâtiment simple. L'aéroport est un hangar à ciel ouvert. L'avion se pose. Je suis aux Marquises. Il pleut.

De l'aéroport à l'hôtel où ma chambre donne sur un paysage inimaginable, l'odeur de la végétation est puissante. Il y a là les «forts parfums» de Baudelaire. Des chevaux semi-sauvages sont en liberté – les fameux chevaux de Gauguin, pas encore verts ou bleus. Des cris d'oiseaux viennent de la forêt que l'unique route coupe en bord de mer. Des poules et des coqs vont et viennent en liberté. Ils traversent la route. Les voitures sont rares. Ici, on peut conduire sans permis de conduire. La gendarmerie est française...

Des manguiers, des frangipaniers, des coco-
tiers, des palmiers, des pamplemoussiers, des
arbres à pain, des citronniers et d'autres végé-
tations que je ne connais pas. Des baies rouge
vif, des fruits alourdissant les branches, du vent
chaud dans toutes ces verdures qui semblent tout
droit sorties d'un jardin d'Éden païen.

Le silence permet aux bruits de parvenir
comme sertis dans une griffe d'éternité. Le chant
d'un coq qui ne connaît pas d'heure, celui d'oiseaux exotiques curieux de présence humaine,
d'immenses libellules colorées qui vrombissent,
puis des tirs de chasseurs qui n'en finissent pas.
Ici, comme aux débuts de l'humanité, on pêche
les poissons qu'on mange apprêtés avec du lait de
coco et on tue le cochon qu'on grille pour le manger. C'est la pure vie. Elle oblige au silence.

2

« Une race disparaît en souriant »

Me voilà donc au bout du monde, aux Marquises, écrivant face à l'océan Pacifique. Pour quoi faire ? Lire ou relire Segalen est intéressant, certes. Découvrir la pensée de Gauguin qui semble avoir ouvert la voie intellectuelle à Segalen à une époque où il se cherche et doute de lui présente également un intérêt, mais pourquoi vouloir faire l'archéologie de cette vision du monde ?

Segalen est poète et archéologue, voyageur et sinologue, ethnologue et romancier, mais aussi penseur et philosophe en dehors des clous de la pensée telle que l'institution la définit. Il n'est pas un *professionnel de la profession* comme dirait l'autre, ce qui en fait une figure attachante à mes yeux. Il vit sa pensée, il pense sa vie, il ne croit pas aux concepts détachés de la vie philosophique qui les accompagne. Victor Segalen vit pour penser, il pense pour vivre. En ce sens, il s'avère bien plus philosophe que nombre de ceux qu'on étiquette habituellement tel.

Par ailleurs, il propose des pistes existentielles et ouvre des chemins dont certains sont restés vierges. Parmi ces chemins inempruntés, celui du penseur de civilisation. Certes, on connaît les artilleries lourdes d'un Vico ou d'un Hegel, d'un Toynbee ou d'un Spengler, mais elles sont massives, trop érudites, illisibles à force de détails, saturées de faux marbre intellectuel et de stuc verbal.

Au contraire de ces penseurs qui trop embrassent et mal étreignent, Segalen travaille au scalpel, finement : il ne brasse pas des millénaires en mobilisant des références connues de lui seul ou en convoquant des géographies dont on se demande si elles existent vraiment, mais il se penche doucement sur une civilisation et l'examine avec le souci de l'entomologiste et la plume lyrique d'un mythographe.

Je souhaite faire des îles Marquises, et plus particulièrement d'Hiva-Oa parce qu'elle fut l'île de Gauguin révélant Segalen, le cas d'école qui permet de répondre à la question : comment naissent, vivent et meurent les civilisations ? J'aurais tout autant pu choisir l'île de Pâques, car elle est également un microcosme insulaire qui résume, dans un espace homogène et clos, la logique à l'œuvre dans toute civilisation. Mais j'opte pour les Marquises, d'abord parce que les Pascaliens procèdent d'une migration marquisienne aux environs de l'an 800, ensuite parce que Gauguin et Segalen m'y ont initié il y a des années, sur le papier, quand j'étais jeune, et que j'ai depuis longtemps souhaité mettre mes pas dans ceux du peintre de cette œuvre emblématique pour un philosophe : *D'où venons-nous ? Qui sommes-nous ? Où allons-nous ?* et de l'auteur nietzschéen des *Immémoriaux*, lui aussi parti sur les traces du peintre morphinomane. Cette promesse que je m'étais faite à l'époque où ce genre de rendez-vous avec soi-même était très improbable, l'heure est venue pour moi de l'honorer.

Victor Segalen est une comète dans le ciel de la littérature et de la pensée. Je le prends comme guide pour comprendre ce que fut une civilisation à partir de sa narration de la mort des Marquises. Il écrivit sur cette question un certain nombre d'ouvrages regroupés dans un *Cycle polynésien*. On y trouve : un article commandé par le gouverneur de Tahiti qui rend compte, à la fois de manière technique et poétique, précise et lyrique, des dommages humains et matériels causés par le passage d'un cyclone : *Vers les sinistrés :*

34

cyclone des îles Tuamotu; *Gauguin dans son dernier décor*, qui rapporte la ferveur avec laquelle le jeune homme se rend, trois mois après la mort du peintre, dans ses lieux pour en saisir l'esprit; un texte qui entre un peu forcé dans ce cadre, *Le Double Rimbaud*, et qui interroge les raisons pour lesquelles le poète a pu être à la fois ce génial auteur du *Bateau ivre* sans avoir jamais vu la mer et ce cynique marchand d'armes dans le désert du Harar – une étude qui se conclut par le diagnostic un peu court d'un dédoublement de la personnalité; un *Pensers païens*, envisagé un temps comme un texte ouvrant *Le Maître du Jouir* et qui restera inachevé; *Les Immémoriaux*, un roman poétique, un récit ethnologique lyrique, une prose précieuse enveloppant une impeccable documentation historique; un *Hommage à Gauguin* destiné à préfacer un choix de lettres du peintre à un ami; un *Hommage à Saint-Pol-Roux*, qui prend prétexte d'une célébration du poète à l'issue d'un banquet offert par ses amis pour raconter son voyage vers Gauguin et Rimbaud; enfin, un *Journal des îles*, qui détaille le trajet qui le conduit de Paris à Rouen, puis au Havre où il embarque pour Tahiti, en passant par San Francisco où il se trouve contraint à une longue escale pour cause d'une typhoïde dont il croit qu'elle va l'emporter.

Segalen est médecin de formation, mais littéraire de vocation, chirurgien de marine par profession, mais poète par assignation. Ce Breton qui naît à Brest l'année de la parution d'*Humain, trop humain* de Nietzsche, en 1878, fait le tour du monde et meurt en forêt de Huelgoat où on le retrouve sans vie le 21 mai 1919, âgé de quarante et un ans, avec *Hamlet* de Shakespeare à ses côtés, le long d'un promontoire qui surplombe un gouffre. Il s'est blessé le talon avec une racine qu'il n'avait pas vue; il a perdu du sang et s'est fait un garrot.

D'aucuns pensent qu'il aurait pu se faire un garrot pour dissimuler un suicide. Mais le nietzschéen qu'il était n'avait aucune raison de dissimuler un geste romain s'il y avait eu recours. D'autant que se suicider en s'ouvrant le talon avec une racine peut être un clin d'œil appuyé à Achille, certes, mais une bien étrange modalité de la mort volontaire, surtout quand on a, si je puis dire, un gouffre à portée de la main! Le grand épuisement dans lequel il se trouvait a suffi à faire d'une blessure bénigne en temps normal une ouverture par laquelle s'échappe l'âme pour de bon.

«Être ou ne pas être» fut la grande question métaphysique de cet opiomane impénitent qui connut les souffrances de la dépression, l'internement en hôpital psychiatrique, l'épuisement physique et psychique, en même temps que la joie tremblante du sismographe qui enregistre la moindre variation de tout ce qui est. À l'instar de Rimbaud, Segalen fut un «Grand Voyant», l'un de ces corps fragiles par lesquels passe toute l'énergie de la nature, du monde, de l'univers, du cosmos, une énergie qui brûle celui qu'elle a choisi pour l'informer des secrets et des mystères de ce qui est. Segalen fut un grand brûlé.

Sa thèse de médecine s'avère tout autant une thèse de lettres. *Les Cliniciens ès lettres* est en effet un parcours mi-épistémologique, mi-littéraire : ici, des développements sur les qualités cliniques de l'observation, la documentation indirecte, le vocabulaire médico-esthétique ; là, des considérations sur Flaubert, Maupassant, Huysmans, Baudelaire, Gautier, De Quincey et beaucoup d'autres...

Segalen distrait un chapitre de sa thèse qui devient un texte à part : *Les Synesthésies et l'école symboliste*. La synesthésie, qui est un dysfonctionnement perceptif et sensoriel, s'avère une méthode : elle définit la perception d'une sensation par un organe qui ne lui est pas habituellement consacré. De sorte qu'ainsi pourvu de cette affection dont on ne sait si elle est de nature physique ou psychique, à moins qu'il ne s'agisse des deux, on sent des couleurs, on voit des sons, on goûte des bruits. Jamais l'invitation rimbaldienne au «dérèglement de tous les sens» n'a trouvé meilleure traduction !

La synesthésie peut donc être involontaire et vécue sur le mode passif, elle peut également être volontaire et se vivre sur le mode actif : on peut aspirer à multiplier sa palette sensorielle pour mieux voir, plus voir, voir au-dessus, à côté et au-delà des choses, du réel. Segalen fut le poète, au sens étymologique, le créateur de formes avec des forces, de ce désir de saisir le monde, tout le monde, par des sens déréglés – parler du son ambre d'un violoncelle, des bulles mozartiennes d'un champagne, du noir sourd d'une peinture, du jaune strident d'un vêtement qualifie plus et mieux les choses qu'une épithète entendue.

Ce que fut Segalen sur le terrain des idées ? Un mystique athée, un païen en quête de transcendance, un mécréant aspirant à la religiosité, un sans-dieu désireux de sacré. Lui dont la mère terriblement protectrice, au point qu'elle quitte la maison familiale de Brest pour l'accompagner à Rennes quand il y vient faire ses études de médecine, voulait qu'il devienne prêtre, n'a cessé de chercher sans trouver un sens spirituel à sa vie, à la vie.

Tanné par sa mère qui fait intervenir un tiers à cet effet, Segalen rencontre l'écrivain catholique

Huysmans en 1899. En 1902, quand il part vers Tahiti, il contracte une fièvre typhoïde. Elle l'atteint violemment. Il est terriblement malade et craint la mort dans sa chambre de San Francisco. Au point qu'il demande un prêtre pour se confesser. Il ne meurt pas.

Un mois plus tard, il monte à bord de *La Durance* en direction de Tahiti. Le 30 avril 1919, il fait le voyage de Bretagne vers Paris afin de rencontrer Paul Claudel qui est le représentant de commerce du catholicisme auquel il veut convertir tout le monde depuis que Dieu lui a fait l'hommage de sa présence. Segalen se reprend en gare du Mans, descend du train, monte dans celui qui le reconduit vers Brest. Moins d'un mois plus tard, il est mort.

Sa recherche d'une foi qui lui aurait permis de trouver un sens à sa vie est restée vaine. En Chine, il s'initie au bouddhisme, mais sans adhésion intime, sans croyance, presque en ethnologue des religions.

Victor Segalen fut probablement un athée malheureux de ne pas croire en un dieu qui l'aurait soutenu. Dès lors, il a demandé à l'alcool, à l'opium, à la morphine, aux prostituées, aux voyages, une solution à un problème qui en est un pour tant de personnes dont l'âme erre – l'art de vivre. Je ne dis pas même : l'art de vivre heureux...

La rencontre avec la Polynésie est un choc. À Tahiti, Segalen vit dans une petite maison avec deux grandes pièces, deux cabinets, une cour, deux robinets, une douche, une véranda, le tout à trois mètres de l'eau... En face de son habitation, il voit se profiler l'île de Moorea. Il travaille le matin comme médecin et visite l'île à pied, à cheval ou à bicyclette. Il y reste onze mois.

Les traces de Segalen ont disparu. Plus personne ne sait où était cette maison qui a dû se trouver rayée de la carte. Rappelons en effet que les Allemands viennent attaquer Papeete en 1914. Ils ravagent la ville le 22 septembre et repartent sans avoir été inquiétés par les Français qui, faute de moyens suffisants, ont été débordés par cette agression. Des photos montrent combien les bombes du Kaiser ont été efficaces sur cette ville construite en bois. Dans son *Essai sur soi-même*, Segalen écrit : « Même Tahiti est souillée par la guerre. »

Segalen disait déjà en son temps qu'en Polynésie, le passé était « défaillant ». Les bombes allemandes et l'urbanisation des années Gaston Flosse, le chiraquien que la morale n'étouffait pas, ont fait place nette. Le Papeete de Gauguin et de Segalen ne subsiste que sur les cartes postales en noir et blanc ou en sépia des années coloniales.

Segalen quitte Tahiti et part ensuite aux Marquises sur les traces de Gauguin. Il arrive à Nuku-Hiva, la capitale de l'île, au début du mois d'août 1903. Il rencontre des témoins de la vie du peintre qui vient de mourir. Il raconte un Gauguin reconstruit par son désir – nous y reviendrons.

En septembre 1904, il monte à bord de *La Durance* pour rentrer en France. Le voyage dure quatre mois ; de San Francisco à Tahiti, il a duré douze jours. Il écrit plus tard, en Chine, à son ami Henri Manceron : « Je t'ai dit avoir été heureux sous les Tropiques. C'est violemment vrai. Pendant deux ans en Polynésie, j'ai mal dormi de joie. J'ai eu des réveils à pleurer d'ivresse du jour qui montait. Les dieux du Jouir savent seuls combien ce réveil est annonciateur du jour et révélateur du bonheur continu que ne dose pas le jour. J'ai senti de l'allégresse couler dans mes muscles. J'ai pensé avec jouissance ; j'ai découvert Nietzsche ; je tenais mon œuvre, j'étais libre, convalescent, frais et sensuellement assez bien entraîné. J'avais de petits départs, de petits déchirements, de grandes retrouvées fondantes. Toute l'île venait à moi comme une femme. Et j'avais précisément, de la femme, là-bas, des dons que les pays complets ne donnent plus » (23 septembre 1911).

Violemment heureux, insomniaque à cause de

la joie, ivre de larmes devant les aubes sublimes, ravi musculairement, expérimentant la jubilation à penser, sorti du mal-être, recouvrant sa santé, converti à l'hédonisme, sensuellement affûté, sexuellement comblé, pour Segalen qui fut toute sa vie neurasthénique et dépressif, mélancolique et suicidaire, l'aveu vaut religion – religion païenne. C'est en nietzschéen qu'il a effectué ce séjour après une conversion immanente qui ne fut pourtant pas suffisante pour le sortir définitivement du marasme ontologique dans lequel il est tombé dès ses plus jeunes années.

Quand Segalen arrive aux Marquises, la population a déjà été décimée. Il énonce clairement les facteurs de décomposition de cette civilisation : la variole, la syphilis, la phtisie, l'opium. Autrement dit, tous maux importés par les Blancs. La rougeole elle-même a été apportée par *La Durance*, son propre bateau, quatre mois avant sa présence, lors d'un voyage aux Gambier. L'excellente santé des autochtones depuis toujours n'a généré aucune immunité. Dès lors, toute pathologie, bénigne pour un Occidental, leur est fatale. Une grande partie des ethnocides pratiqués par les conquistadors dans le Nouveau Monde ont été réalisés par contaminations virales.

À ces agents pathogènes du corps, Segalen ajoute des agents pathogènes de l'âme : la religion chrétienne imposée par des missionnaires protestants au début du XVIIIe siècle, en l'occurrence trente pasteurs méthodistes avec femmes et enfants en 1797, leur a en effet été fatale. De sorte que, écrit-il en parlant des Polynésiens : « Ces hommes marchent gaiement et insouciamment vers la fin de leur race. »

Quand il arrive, il interroge les Marquisiens afin de découvrir leur mode de vie. De la même manière, il les questionne sur leurs dieux, leurs croyances, leur religion, leur mythologie, leur spiritualité. Il ajoute à tout cela un nombre incroyable de lectures qui vont du récit de voyage à ce que l'on nomme désormais l'ethnologie en passant par les romans.

Il constate que ces hommes et ces femmes ignorent leurs âges ; qu'ils ont renoncé à leurs dieux ; qu'ils ont vendu les fétiches de leurs divinités tout autant que leurs parures de guerre ; que leurs statues sacrées, les Tikis, gisent la face contre terre, le visage dans la boue ; qu'ils ignorent la propriété ; qu'ils donnent parfois à un vieillard l'enfant qui vient de naître afin qu'il devienne son père ; qu'ils ne sont pas fixés sur une personnalité et qu'ils peuvent en changer s'il le faut ; qu'aucun document écrit n'atteste de leur existence ; que la tradition orale fait la loi et qu'une femme peut réciter une litanie de généalogies qui remontent jusqu'à 1775 sans se tromper, juste avec l'aide d'une petite corde à nœuds tressée. En son temps même, déjà, Segalen écrit : « La Polynésie est en voie de perversion civilisée. »

Autrement dit, ce qui tue une civilisation, c'est une autre civilisation, plus forte, plus puissante, plus dominatrice, plus toxique, plus dangereuse. Le médecin qu'il est écrit clairement dans son *Journal des îles* : « Tout sérum est globulicide pour les hématies des autres espèces. Ainsi toute civilisation (et la religion qui en est une forte quintessence) est meurtrière pour les autres races. Le Jésus sémite transformé par les Latins qui naviguent sur la mer intérieure fut mortel aux Atuas maoris et à leurs sectateurs. »

Segalen fait de la religion une quintessence de la civilisation alors qu'elle en est l'épicentre, l'épine dorsale, la moelle épinière, d'où procède sa généalogie. S'il existe une civilisation marquisienne, c'est parce qu'il existe une religion païenne propre aux Marquisiens qui a été défaite violemment par les missionnaires chrétiens blancs venus d'Europe.

Ce sacré marquisien, avec ses récits mythologiques, ses dieux et ses divinités, ses récits cosmologiques, ses généalogies qui lient les premiers hommes à ceux qui les racontent sans se tromper, tout cela constitue une civilisation à proprement parler. Autrement dit : des manières de penser, de voir, de concevoir et de faire qui sont propres à un peuple sur un territoire.

Si les Tikis sont matériellement basculés dans les fossés c'est qu'ontologiquement ils ont d'abord été renversés dans les esprits, les âmes et les cœurs. Les religieux ont tout fait pour détruire cette religion. Ce sera le sujet des *Immémoriaux* – j'y reviendrai.

Segalen marchait beaucoup. Il faisait aussi du vélo, c'est ainsi qu'il découvrait les lieux. Aux Marquises, le relief est accidenté et les falaises tombent dans la mer. Il a pu utiliser ces petits chevaux peints par Gauguin et qu'on voit encore aujourd'hui, semi-sauvages, ou chevauchés à cru par des Marquisiens pieds nus. Il a dû également croiser les chiens peints eux aussi par l'artiste et dont on voit les descendants errant dans les rues, semblables à des renards par le profil du crâne et le pelage roux.

Sur son chemin, juste en contrebas de la chambre où j'écris ces lignes, il a dû rencontrer ce fameux curé qui lui dit, probablement goguenard : «Vous cherchez le dernier païen ? » À quoi Segalen répond : «Oui. Je regrette de ne pouvoir le réinventer. » Il pose l'hypothèse que Gauguin aurait pu recréer les fétiches de ce peuple orphelin de ses dieux afin de pouvoir donner un coup de sang revigorant à cette civilisation éradiquée par les missionnaires du Christ.

Le Breton cherche les ruines des temples païens ; il les découvre : édifices rasés, tas de pierres en vrac, statues tombées à terre, ce désert minéral est le signe du désert ontologique. En revanche, l'église se porte bien et trône au milieu du village ! À ce jour, des temples païens ont été reconstitués, mais ils ressemblent aux constructions de loisirs des parcs d'attractions – sculptures de Tikis flambant neufs, architectures de pierre impeccables et de bois juste sorti de la scierie, toitures de feuillages qu'il faut regarder à deux reprises pour vérifier qu'il ne s'agit pas de matériaux synthétiques. Le folklore, c'est la reconstitution de ce qui est mort ; c'est l'ultime insulte faite à ce que l'on a tué. Arpentant cet espace mort, j'en viens à préférer le rien à cette palinodie politiquement correcte.

Dans *Pensers païens*, Segalen affirme que « le Païen » est un genre de fiction nécessaire pour comprendre la philosophie maorie. Deleuze et Guattari auraient parlé d'un « personnage conceptuel » utile pour dire un monde. Mis en scène par Segalen, ce personnage dit : « Notre à-venir ? C'est un temps négatif exactement, un à-venir qui ne viendra pas. Notre race meurt. Et nombre d'individus d'abord. »

Segalen parle donc de *penser maori*, de *philosophie maorie*. Elle est selon lui un pur produit de la loi naturelle alors que la pensée occidentale est construite sur la connaissance. Les premiers écoutent ce que dit la nature et suivent ses enseignements : l'âge, la propriété, l'identité, la parenté, la personnalité sont autant de fictions dont les seconds ont besoin pour asseoir et conforter leur pouvoir. Nommer, assigner, identifier sont affaire de gens qui ont à préserver la propriété de ceux qui ont pour que ceux qui n'ont pas ne la leur réclament pas.

Dans le discours que tient le Païen, Segalen n'est pas toujours crédible. Il met en effet dans la bouche de celui qu'il qualifie positivement de Sauvage des mots et des concepts qui lui sont étrangers : comment peut-on imaginer qu'un païen nourri aux mythes enseignés par ses ancêtres puisse parsemer son discours d'*ipséisme*, de *concept* ou d'*essence* ? Idem quand il cite saint Thomas d'Aquin, la Bible et les Veda. Il fait également référence à Assurbanipal, ou bien encore à Leconte de Lisle, alors qu'en même temps, pour parler de la forme écrite des mots, il utilise de ridicules euphémismes comme : « les petits signes parleurs » ! Un sauvage qui s'exprime comme Jankélévitch ou un sorbonagre parlant petit-nègre ne sont ni l'un ni l'autre crédibles pour défendre la cause marquisienne.

Pour parler ainsi pointu, il eût fallu que le Maori assistât à des leçons en Sorbonne ! Et quand on vit aux Marquises, la Sorbonne, c'est loin. À moins que ce registre verbal devenu fou qui lui échappe ne montre à son insu que, comme avec Madame Bovary, le Païen, c'est lui. Car, en effet, le Païen, c'est lui.

Quelques jours avant de mourir, dans une lettre à Hélène Hilpert datée du 27 février 1919, lettre ajoutée au dossier de son *Essai sur soi-même*, Segalen écrit : « J'ai été parfois heureux comme un héros. Oh... par minutes peut-être... mais cela fut, j'ai été. » Cette joie forte, cette jubilation d'être, cette « puissance d'exister », pour parler le langage spinoziste, sont le produit des connaissances païennes de Segalen.

3

« *Maîtres de joie, maîtres de vie,*
maîtres de volupté »

UNE JOIE NIETZSCHÉENNE

Au petit matin, un concert de chants de coqs me réveille. Une myriade de vocalises se répondent sur toute l'île. Je me demande comment on peut y trouver de quoi faire un « cocorico ». Une brève, deux plus longues, une plus longue encore, c'est l'écho préhistorique sonore des dinosaures dont descendent tous les oiseaux. L'un d'entre eux braille sous ma cabane avec une ardeur remarquable...

C'est avec cette prolifération de vociférations antédiluviennes que le jour s'annonce. Je me sens à mon tour pauvre en monde en ignorant ce qui se dit, ce que ces animaux s'échangent comme messages, ce qu'ils se racontent dans ce concert polyphonique. Partout sur la planète, cet animal est le symbole du renouveau parce qu'il annonce chaque jour un jour inédit.

Mais, aux Marquises, on comprend qu'il annonce

un jour plus inédit encore parce que franchement naturel. Ici, la civilisation n'est pas urbaine, mais paysanne, plurimillénaire, autrement dit, si l'on se souvient de l'étymologie : païenne, paysanne. Les rythmes sont donnés par la nature.

Il est presque six heures du matin. Devant moi, l'aube rosit le mont escarpé qui sort peu à peu de sa brume grise. D'abord enveloppé dans une ombre, il se réveille avec la lumière qui glisse du sommet puis, doucement, dore le tout en descendant jusqu'à la mer. Le roc tombe brutalement dans l'eau. La houle le cogne avec des vagues qu'on entend partout dans le village.

Ici, le spectacle du jour qui se lève semble moins un matin du monde que *le* matin du monde. Au fur et à mesure, la lumière s'installe partout, et la chaleur avec. Les oiseaux pépient. Les coqs se taisent. Les poules caquettent, vont et viennent. Leurs poussins suivent. Les insectes vrombissent. Les abeilles butinent d'immenses fleurs jaunes, rouges, orange.

Tout devient vert, la chlorophylle sature tout et l'on comprend que Gauguin ait pu peindre des chevaux verts : quelles que soient leurs robes, sous cette lumière partout tamisée par les palmiers et les arbres à pain, les frangipaniers et les pamplemoussiers, les reflets sont verts et doux.

Il écrit dans *Oviri* : « J'ai devant moi des coco-
tiers, des bananiers ; tout est vert. »

Chaque instant, les Marquises offrent une
leçon nietzschéenne. La nature y fait puissamment la loi : la terre et la mer, le vent et la pluie,
l'hygrométrie et la pression barométrique, la
lumière et la nuit, le feu du soleil et l'eau de
l'océan, la terre de l'île et l'air de vents venus de
si loin.

Le sublime envahit la vie quotidienne. Il est
le sentiment de quiconque mesure sa petitesse
devant la grandeur des éléments : face à la mer,
au pied du roc, en présence du fracas des vagues
bleues sur le sable noir, sous la voûte des chemins
de la forêt primitive, dans les sentiers de terre qui
montent toujours plus haut, par exemple vers le
cimetière ancien qui repose loin des hommes qui
vivent en bas, et proches des dieux qui habitent
en haut.

Dans ce jardin de tombes effondrées, des blocs
de lave rouge délimitent de petits rectangles
de terre envahis par une herbe haute et très
verte. Aucun nom gravé, pas de stèle. Ici ou là,
quelques croix, peut-être des gens de foi : missionnaire, prêtre, ou diacre. Les tombes les plus
récentes, deux ou trois, arborent des plaques
qui murmurent : « Nous ne t'oublierons jamais. »
Mais, vu leur état, elles prouvent que le défunt a

bel et bien été oublié. Car les morts meurent eux aussi quand ceux qui en gardent le souvenir trépassent à leur tour et viennent les rejoindre.

Le cimetière est haut dans la montagne. Il s'approche des nuages qui la coiffent la plupart du temps. Les bruits de la mer et du village montent, mais lointains, amoindris, presque étouffés. Le sac et le ressac des vagues qui éclatent contre la roche en devenant des gerbes mousseuses produisent des bruits sourds, les voix et les conversations sont des murmures, le chant des coqs, toujours, arrive, lui aussi amorti, la rumeur d'Hiva-Oa grimpe et témoigne que la vie continue dans les cimetières.

Regardant vers la vie, en bas, il me vient en tête le vers de Baudelaire : « Les morts ont de grandes douleurs », comme si les morts n'étaient pas morts, pas vraiment morts, pas complètement morts. Et, de fait, cette vie partout, cette vitalité débordante, excessive, démonstrative, cette énergie de la nature dans le moindre souffle vont bien avec l'idée que les morts, ici, ne sont pas comme chez nous des cadavres destinés à la charogne, mais des esprits qui perdurent aux côtés des vivants. Il ne s'agit pas de résurrection, mais de la mort pensée comme la continuation de la vie par d'autres moyens.

Une conversation que j'eus la veille avec un

Marquisien m'apprit que, malgré les siècles de colonialisme administratif et son pendant missionnaire, la religion païenne subsiste secrètement. Il me parle d'initiation, de rites, de degrés, de silence, de jeûne et de tout ce qui, de par le monde, depuis ses origines, définit la société secrète. Le chamanisme est la religion fossile de l'humanité. Elle est là, vivante, contemporaine des premiers hommes.

Chaque initié dispose d'une *sphère*, c'est le mot qu'il utilise en l'accompagnant du geste rond qui la montre, de compétence ou d'activité comme guérisseur. Car, ici, la sagesse est indissociable d'une thérapie. La pensée n'est pas faite pour elle-même ou pour la connaissance pure, comme en Occident, mais pour produire des effets dans le réel, pour produire des effets de réel – comme à Athènes et Rome, mais pas comme à Königsberg, Iéna ou Paris.

L'initié n'entre jamais en concurrence avec son semblable qui s'active dans une autre sphère. Il complète autrui. Dans toute la Polynésie, il n'y a, me dit-il, que deux initiés parvenus au stade suprême, le neuvième degré. Leur identité est tenue secrète.

Savoir c'est pouvoir, mais c'est aussi devoir. Quiconque reçoit l'initiation a l'obligation d'accueillir l'âme en peine qui le sollicite. La communication de l'essentiel est non verbale. Celui qui sait voit sans avoir besoin de demander. Il diagnostique les pathologies, les affects, les passions juste en observant. Qui vient le voir s'entend dire avant toute chose la raison pour laquelle il est venu. « Je t'attendais », dit l'initié.

J'ai vu, lors de mes pérégrinations sur l'île, le regard avisé, le geste sûr, une femme cueillir des plantes. Cette sagesse pratique qui est une thérapie passe par la connaissance du pouvoir des végétaux. Décoctions, fumigations, infusions, dessiccations, tous les principes de la phytothérapie sont ici connus de façon empirique. Ce que l'expérience valide, la mémoire le conserve, la pratique ancestrale le consacre.

Le Marquisien me confie que le culte païen persiste, secret, mais que les grands prêtres de cette religion peinent à trouver des jeunes à initier et des gens de confiance capables de garder ce trésor de l'île à l'abri de ceux qui ont intérêt à s'en moquer ou à s'en débarrasser.

Encore que : dans sa famille, il y a des diacres qui, me dit-il, pratiquent volontiers une part de religion chrétienne et une autre de culte païen. Le syncrétisme est bien dans l'esprit du paganisme qui n'a jamais refusé un sacré supplémentaire. Au contraire, il se l'agrège avec plaisir là où le monothéisme exige le monopole et combat tout ce qui n'est pas explicitement lui, même s'il a dû parfois composer pour asseoir son hégémonie.

Nietzsche aurait probablement aimé cette partie du monde dans laquelle le christianisme a fait beaucoup de dégâts, certes, mais pas autant qu'en Europe où il est l'idéologie officielle depuis deux millénaires. Le philosophe allemand a aspiré toute sa vie à un lieu en adéquation avec son tempérament, sa physiologie. Il a sans cesse quitté les brumes du Nord pour la lumière du Sud – Portofino, Rapallo, Gênes, Capri, Naples. Il a aimé l'Italie, évité la Grèce, souhaité la Tunisie, rêvé le Japon (!), mais il n'a jamais eu le désir ultramarin de ce côté de la planète. Il aurait pourtant trouvé là, comme Gauguin et Segalen, matière à méditation, aux longues marches qu'il aimait, à expériences existentielles, matière aussi à confirmer ses hypothèses sur le rôle destructeur du judéo-christianisme pour les corps et sur la validation de son idée de Volonté de puissance par la nature.

Victor Segalen découvre Nietzsche au moment où Henri Albert le traduit pour le Mercure de France, la maison d'édition et la revue qui publient le penseur breton. En cette époque fin de siècle, le philosophe allemand vit toujours, mais il a sombré dans la folie. Sa sœur antisémite dispose enfin d'un frère à sa main. Elle l'exhibe comme une marionnette dans son fauteuil en osier à des visiteurs qui font le voyage à Weimar pour entrevoir le penseur passé de l'autre côté du miroir. Elle falsifie ses textes, elle en brûle certains, elle en recopie d'autres en modifiant, en changeant, en altérant la pensée de son frère selon ses propres vues. Elle, qui devient nazie, rencontre Mussolini et Hitler puis invente un livre intitulé *La Volonté de puissance*. Ce livre n'a jamais existé : il est fait de collages de textes bricolés par ses soins : il s'agit pour elle de transformer son frère en précurseur du fascisme. Cette opération, hélas, porte ses fruits et entache l'œuvre de Nietzsche jusqu'à ce jour.

Au temps où Segalen le découvre, il est indemne de ces taches. Remettons-nous dans la configuration des dernières années du XIXᵉ siècle : le christianisme fait la loi dans tous les domaines. Il est dans toutes les têtes. La *moraline*, une substance analysée par le philosophe, infecte toutes les relations. La chair se trouve névrosée par deux mille ans de civilisation chrétienne. Le corps supplicié du Christ ou le corps d'une vierge qui se trouve être malgré tout mère sont présentés comme des modèles existentiels aux hommes et aux femmes. L'idéal ascétique triomphe. Nietzsche entre dans ce bâtiment conceptuel en incendiaire. Dans *L'Antéchrist*, il veut raser le Vatican pour y élever des serpents venimeux.

Dans le procès qu'il intente au christianisme, Nietzsche déplore que cette religion ait sali le corps, méprisé les instincts, déprécié les passions, nié la chair, insulté les femmes. Dans *Ecce homo*, il écrit : « Dans la sexualité, on a enseigné à voir quelque chose d'impur », alors que chez les Grecs, qui emportent la faveur du philosophe, elle était voie d'accès au sacré, pureté en relation avec les forces de la nature. C'est ce sacré du corps qu'il souhaite restituer partout dans son œuvre, mais plus particulièrement dans *Ainsi parlait Zarathoustra*. Le corps est pensé comme « la grande raison », ce qui pense avant même que le cerveau entre en scène. C'est aussi le souci de Segalen, c'était également celui de Gauguin, qui, l'un et l'autre, cherchaient aux Marquises un monde épargné par l'idéal ascétique chrétien. Fuir l'Europe puritaine pour le soleil océanien qui lustre les âmes et purifie la chair.

Segalen aspirait à un monde sans moraline. Précisons que, pour Nietzsche, la moraline, dont il parle à trois reprises dans son œuvre, deux fois dans *L'Antéchrist*, une fois dans *Ecce homo*, définit une substance toxique dégagée par la morale chrétienne qui, au même titre que les alcaloïdes du genre morphine ou strychnine, s'attaque au système nerveux et soumet le corps à sa loi.

Plus qu'un autre, Segalen sait que le corps est une grande raison. Toute sa vie, il a été sujet à des maladies nerveuses, comme on disait alors. Dès l'âge de vingt et un ans, il en connaît les affres. Sa mère est envahissante, elle gère le détail de sa vie spirituelle et sentimentale. Elle pèse lourdement dans son quotidien. En 1900, l'année de la mort de Nietzsche, il est victime de malaises que le médecin de l'École de santé navale de Bordeaux qu'il est reconnaît comme symptômes de la neurasthénie. En novembre de cette même année, il entre dans une grave dépression nerveuse. Il est mis en congé. À cette époque, il a accumulé les dettes. En 1901, il demande aux paradis artificiels de l'aider à vivre cette vie qui ne veut pas de lui. Il sera opiomane toute sa vie. L'objet de sa thèse intitulée *L'Observation médicale chez les écrivains naturalistes* n'est pas un hasard. Il ne s'intéresse pas non plus aux synesthésies, ces dérèglements de la perception sensorielle, sans raison autobiographique.

Le voyage à Tahiti et aux Marquises lui fait entrapercevoir une autre vie, moins chrétienne, moins abîmée par la religion de la haine du corps, même s'il constate que le colonialisme missionnaire a ravagé la civilisation polynésienne dont il veut sauver le peu qu'il reste. Son souci de rassembler la mémoire mythologique du peuple maori afin d'entreprendre la rédaction des *Immémoriaux* lui paraît être la bonne thérapie pour soigner la maladie de la civilisation qu'il constate.

Lui qui souffre d'avoir une âme trop grande pour ce que peut le corps, il confesse avoir été violemment heureux dans cette partie du monde. Gauguin l'a précédé dans cette voie. Il se fera le mémorialiste du peintre, son hagiographe, au risque parfois de la vérité, comme s'il trouvait en la personne de l'artiste un grand frère d'âme et de cœur.

En octobre 1915, une gastrite aiguë le conduit à l'hôpital. Son corps s'épuise. En janvier 1919, il entre au service de psychiatrie du Val-de-Grâce. Il connaît de violents épisodes dépressifs. Il essaie d'arrêter l'opium. Il meurt en mai. Son corps n'a cessé d'être un sismographe – exactement comme celui de Nietzsche.

Comment Segalen rencontre-t-il l'œuvre de Nietzsche ? Et quel Nietzsche fut le sien ? Il le rencontre par l'intermédiaire de Jules de Gaultier, un étrange personnage qui, dans la vie, exerce les fonctions d'employé de perception. Il pratique la philosophie à côté de son métier de fonctionnaire et publie de nombreux livres, dont *De Kant à Nietzsche* (1900) que Segalen a beaucoup lu et commenté, *Nietzsche et la réforme philosophique* (1904) et, après la mort de Segalen, un dernier *Nietzsche* (1926).

Gaultier a également publié *Le Bovarysme. La psychologie dans l'œuvre de Flaubert* (1892) et *Le Bovarysme : essai sur le pouvoir d'imaginer* (1902). On lui doit ce concept de *bovarysme* qui définit le travers qu'ont les hommes à se croire autres que ce qu'ils sont. Ce questionnement sur la Réalité et l'Illusion intéresse Segalen au plus haut point. Il utilise ce concept dans *Le Double Rimbaud* pour essayer d'expliquer comment le poète génial dans sa jeunesse put aussi être l'homme d'affaires cynique quand il quitte l'Europe pour le Harar.

Nietzsche est le philosophe qui sort le monde du carcan judéo-chrétien en réduisant tout ce qui est à la Volonté de puissance. Or, aux Marquises, la végétation est tellement luxuriante qu'on ne peut pas ne pas y voir sans cesse validation de la thèse nietzschéenne. La Volonté de puissance est *vouloir vers* la puissance, elle n'est pas une catégorie morale, mais une catégorie ontologique : elle permet de dire ce qui est.

Dans le petit cimetière où reposent Gauguin et Brel, j'ai avisé, non loin de leurs sépultures, la tombe d'un enfant. Sobre, simple, blanche.

Elle ressemblait au toit d'une petite maison, d'un *faré* modeste, posé presque à même le sol, ajusté à un socle de quelques centimètres faisant office de fondation. Une stèle se dressait à la tête avec le nom, le prénom, les dates de naissance et de mort : moins d'une année pour cette petite comète. J'ai vu comme la branche d'un genre de lierre posée sur ce couvercle. Mais la fraîcheur de la plante dénotait avec l'allure un peu décatie de la tombe. La famille qui semblait avoir délaissé la petite sépulture de 1943 n'aurait pas pu poser cette tige de feuilles fraîches dans la journée, d'autant que le soleil flétrit toute plante coupée dans l'instant.

En fait, cette plante sortait du tombeau lui-même : une petite faille entre le socle et le monument avait été creusée par le germe de la graine qui, au contact du petit mort, avait exigé son dû : la lumière. À quelques centimètres, une autre plante avait elle aussi demandé la clarté qui recouvre cet autre cimetière marin. Ce qui meut ces plantes, c'est très explicitement la Volonté de puissance : elle est, dans la vie, ce qui veut la vie. Tout ceci qui est pure vitalité s'effectue par-delà le bien et le mal.

L'archipel des Marquises est une constellation d'îlots perdus dans l'immensité du Pacifique. La météorologie est celle de l'océan. Hiva-Oa est un gros rocher volcanique qui, après son refroidissement, permet à la vie de le coloniser. De l'herbe, des plantes, des arbres, des oiseaux – pas de serpents, comme si, ici, l'animal du péché originel n'avait pas droit de cité. C'est un signe... Je me demande comment les premiers missionnaires ont fait pour expliquer qu'un serpent avait un jour parlé à Ève ! Les nuages s'arrêtent sur l'île et génèrent la quantité de précipitations, les textures des lumières, la longueur des chaleurs. Tout cela est aussi Volonté de puissance.

La Volonté de puissance se trouve également sublimée dans une sexualité naturelle. Aux Marquises, jadis, la sexualité n'obéissait pas aux règles occidentales de l'idéal ascétique. Une sexualité dans les limites du mariage monogamique et dans la seule perspective d'engendrer, voilà qui les faisait rire !

Quand Segalen confie à son ami Henri Manceron son bonheur vécu en Polynésie, il ne manque pas de faire référence à son épanouissement sensuel et sexuel. À l'époque de son séjour, Segalen est jeune et célibataire.

Le sexe marquisien est simple. Hédoniste, il n'obéit à aucune autre loi que le plaisir. Le *motoro* nomme l'ardeur légitime avec laquelle on peut dire à une jeune fille qu'elle nous plaît et l'inviter à passer à l'acte. Entre le désir et le plaisir, il n'y a pas de séparation. De plus, les Marquises sont un des rares pays au monde à pratiquer la polyandrie, ce qui permet à une femme d'avoir plusieurs maris. Au bonheur des hommes ! Gauguin se plaît à souligner que les jeunes Marquisiennes fument la pipe.

Ainsi, lorsque Gauguin séduit son modèle roux, Tohotaua, son époux ne voit pas cette relation d'un mauvais œil. Le mari est le meilleur danseur et le sorcier le plus réputé du village d'Atuona. Ce qui n'empêche pas sa foi catholique très ardente. Gauguin ne se prive pas non plus d'inviter des jeunes filles dans sa Maison du Jouir. Notamment une très belle Maorie avec un pied bot et bien d'autres femmes encore.

Segalen parle également de l'amour du peintre avec la «petite fille ambre de là-bas». La petite fille, qui est une invention occidentale, n'existe pas sous ces latitudes : il y a la femme qui peut avoir des enfants, et qui est adulte, et celle qui ne peut pas en avoir, et qui est enfant. La sexualité s'avère donc possible avec une jeune fille de douze ans.

Pour sa part, Daniel Guérin, qui fut anarchiste et homosexuel, conclut également à des tentations homosexuelles de l'artiste avec un jeune garçon. Dans la société traditionnelle marquisienne, il existait des *mahus* – de jeunes garçons dont on remarquait le comportement efféminé pendant l'adolescence. Dès lors, on les éduquait autrement : on ne les mettait pas à l'épreuve physiquement, on les dispensait de chasse et de guerre. Pendant ce temps, les femmes leur apprenaient la féminité. Les anciens *mahus* les initiaient à la pratique des hommes. Leur prépuce était moins circoncis que subincisé. La partie supérieure du prépuce était fendue avec une dent de requin ; la cendre répandue sur la plaie arrêtait le sang ; la cicatrisation s'effectuait à l'air libre. La subincision formait un bourrelet à la base du gland qui expliquait que les Polynésiennes recherchaient ces partenaires sexuels. Ces garçons étaient nés garçons et n'entendaient pas devenir filles.

Les *mahus* existent toujours. J'en ai vu un grand nombre dans les îles qui arborent une démarche chaloupée, torse en avant, fesses serrées, hanches ondulantes, voix douce, ongles longs, cheveux longs ou noués en catogans. Leur intégration est absolue. Ce troisième sexe ontologique existe simplement.

Dans les années 60, années du colonialisme atomique français, certains *mahus* deviennent des *raerae*, autrement dit des transsexuels. Les *mahus* relevaient du troisième sexe corporel polynésien ; les *raerae*, en revanche, vivent souvent leur transsexualisme sur le mode de la prostitution avec des marins, des marchands, des militaires.

La morale sexuelle libérale des Marquisiens a beaucoup compté dans le tropisme littéraire pour cette île du bout du monde. En 1892, Gauguin rédige un petit cahier de moleskine à destination de sa fille, à lire plus tard, quand elle serait adulte – elle mourra à l'âge de vingt ans d'une pneumonie contractée à Copenhague où elle résidait avec sa mère. Dans ces notes, on peut lire ceci : « La femme veut être libre. C'est son droit. Et assurément ce n'est pas l'homme qui l'en empêche. Le jour où son honneur ne sera plus placé au-dessous du nombril, elle sera libre. » Et ceci : « La liberté de la chair doit exister, sinon c'est un esclavage révoltant. En Europe l'accouplement humain est une conséquence de l'Amour. En Océanie l'Amour est la conséquence du coït. »

Dans des notes prises aux Marquises, le peintre raconte avec un réel amusement deux anecdotes reprises par Segalen dans *Gauguin dans son dernier décor*. La première : deux couples de Marquisiens vont se marier à l'église ; ils écoutent le prêtre réciter son laïus ; ils se donnent leur consentement ; puis, à la sortie de l'église, les deux hommes se disent : « Si nous changions ? » ; d'un commun accord, « gaiement chacun par-

tit avec une nouvelle femme, se rendit à l'église
où les cloches remplirent l'atmosphère d'allégresse ».

La seconde : à la sortie de sa messe de mariage,
le nouveau marié dit à sa demoiselle d'honneur :
« Que tu es belle ! » L'épouse dit elle aussi à son
garçon d'honneur : « Que tu es beau ! » Gauguin
de poursuivre : « Ce ne fut pas long, et couple
nouveau obliquant à droite, couple nouveau obliquant à gauche, s'enfoncèrent dans la brousse
à l'abri des bananiers où là, devant le Dieu
tout-puissant, il y eut deux mariages au lieu d'un.
Monseigneur est content et dit : *Nous civilisons*. »

En nietzschéen convaincu, Segalen affirme
qu'aux Marquises, l'immoralité et la pudeur sont
des mots qui n'existent pas ; la virginité et la fidé-
lité, des non-sens ; la femme, un « exquis animal ». Le contact avec les civilisés a été, sur ce
point, un grand malheur. Leur liberté sexuelle
a laissé la place à une névrose chrétienne. Il
conclut : « Dans vingt ans, ils auront cessé d'être
sauvages. Ils auront, en même temps, à jamais
cessé d'être. » Vingt ans plus tard, c'était en
1923. Le Barbare, le vrai, c'est toujours celui qui
en veut au corps des femmes et ne l'aime que
contraint, abîmé, dissimulé, caché.

4

« *Vous cherchez le dernier païen ?* »

UNE ETHNOLOGIE POÉTIQUE

Je souhaitais me rendre sur un lieu dans lequel le récit de Segalen aurait pu s'enraciner. Un lieu chargé de mémoire païenne, plein d'esprits des dieux morts. Dans son *Journal des îles*, il rapporte un voyage fait dans un temple païen aux Marquises. Je suis allé à Iipona.

Atuona, le chef-lieu d'Hiva-Oa, est séparé de cet endroit par des montagnes, des vallées, de la forêt, des ravins, des sommets. Marcher ou traverser ces géographies avec un cheval suppose une longue présence dans l'île pour enchaîner et accumuler chaque soir les haltes, les bivouacs, les nuitées chez l'habitant. Segalen ne détaille pas le concret de ses voyages. Mais l'iconographie le montre à dos de chevaux ou de mulets, sinon d'âne, en Chine. Il peut aussi prendre le train, ainsi en Russie ou en Chine. Une photo le saisit

aux Marquises avec une équipe lors du franchisse-
ment un peu sportif d'un cours d'eau.

De la même manière que l'avion modifie les
distances, donc le temps et l'espace, la voiture
elle aussi change le rapport aux choses. On peut
désormais faire dans la journée le voyage qui
prenait jadis des semaines. Ce que l'on gagne
en vitesse, on le perd en âme. Voyager est alors
moins une affaire physique qu'une affaire men-
tale.

Toutefois, la voiture permet d'augmenter les
images, les vues, les points de vue dans un même
temps. Ce que l'on perd en âme, on le gagne en
émotions, en perceptions, en sensations. Si l'on
dispose de l'âme adéquate, on peut élargir sa présence au monde en se remplissant plus et mieux
de l'énergie des paysages, de la vitalité des pano-
ramas.

Atuona est un village d'un peu plus de mille
habitants avec mairie et poste, commerces et
magasins, école et dispensaire, stade et bibliothè-
que, magasin d'artisanat et église. De quoi naître,
être, travailler, manger, vivre et mourir. C'est
dans son port avec une petite plage de sable noir
encombrée de bois flottant qu'un jour Jacques
Brel a accosté avant de décider de s'y installer
pour y vivre la fin de ses jours – trois ans avant que
le cancer ne l'emporte. On y trouve la reconsti-

tution de la Maison du Jouir de Gauguin. Un petit musée du souvenir, dans un hangar, conserve l'avion de Brel, un Beechcraft bimoteur, flanqué de pauvres panneaux sommairement explicatifs lavés par le soleil. Une sono diffuse des chansons en boucle. Des admirateurs ont, hélas, dessiné son portrait, sculpté, fondu ou moulé son visage, ce qui s'avère une tâche impossible même pour un artiste digne de ce nom : le visage de Brel était l'un des plus vivants qui soient. Tout le monde a le souvenir d'*Amsterdam* chanté par lui le visage ravagé, trempé de sueur, la bouche ouverte sur des dents prêtes à déchirer le bourgeois, le notaire, le flamingant, la dame patronnesse, les paumés du petit matin, les bigotes... Brel était un grand vivant, le représenter figé, c'est le montrer mort. Un mort-vivant, rien n'est plus hors sujet pour cette énergie faite voix.

Le village est goudronné. Quand on en sort, on roule sur des revêtements en dalles de ciment armé. Puis, quand on les quitte, c'est pour la piste : en terre, en pierre, en boue, en humus... On grimpe vers le sommet d'une montagne. La fraîcheur se fait sentir. Végétation luxuriante, orgie de verts, plantes inédites, le régime de bananes vertes plonge vers le sol avec, en avant-garde, une longue fleur qui ressemble à un bec d'oiseau bordeaux, ou comme une sorte de poire pointue emmanchée sur une aorte annelée qui oscille au vent. On dirait un monstre...

Pas de cartes, pas de plans, pas d'indications routières. Un embranchement, mais rien n'est signalé. Un carrefour, mais pas de panneaux. Des pistes partent à droite ou à gauche, mais on ne sait vers quelle destination on va en choisissant l'une plutôt que l'autre. Il se peut qu'on s'engage dans la direction opposée à celle que l'on souhaitait. Contemporain de Gauguin, un cavalier passe au petit trot, pieds nus, à cru sur un petit cheval marquisien.

La piste est taillée dans la terre ; elle sent fort l'humus primitif. Il y a quelque temps, elle s'était effondrée en glissant dans la montagne. L'avancée se fait en compagnie d'immenses racines sur les bas-côtés. On chemine accompagné du système racinaire des immenses arbres qui bordent le tracé tout le long de la route. La terre est rouge, orange, marron ; les racines, blanches, laiteuses, crème.

Deux chevaux semi-sauvages patientent sous un groupe d'arbres. Les nuages arrivent directement en haut de ce premier sommet et plongent tout dans un brouillard tiède. Fines gouttes chaudes. Il passe à vive allure, comme un coton porté par le vent. Une petite pluie tombe. Indolent, un cheval se déplace sous la ramure d'un arbre afin de se protéger de la pluie. L'autre broute des herbes grasses. Le temps est celui des pierres et de la terre, des arbres et des plantes – une durée endormie dans les choses.

Le paysage change et devient caillouteux, puis rocailleux. La conduite est délicate. Au col de Tapeata, quatre roues motrices ne sont pas trop pour négocier des boucles montantes en épingles à cheveux sur une piste pierreuse qui interdit le passage de quoi que ce soit d'autre en face, même un vélo. Le tout à huit cent cinquante mètres en à-pic sur la mer. L'eau, en bas, est céruléenne. La chute serait mortelle.

Parfois, la piste redevient cimentée. C'est l'annonce d'un village à venir, du moins d'un groupement de trois, quatre ou cinq maisons. Perdues dans une végétation exubérante, elles cachent des vies silencieuses. Des poules passent, des chiens errent. Personne dehors. Le bruit de la mer, sac et ressac. Le chant des vagues. Le vent dans la cime des palmiers. De temps en temps, une noix de coco tombe, ou bien une branche sèche s'affale avec un bruit sec.

Je laisse la voiture au beau milieu de la route où personne ne passe. J'emprunte un petit chemin au bout duquel se trouve une maison à quelques mètres de l'océan furieux. Un vieux monsieur roux et terriblement obèse, taches de rousseur sur tout le corps, pieds nus larges et écrasés, avec ongles mycosiques, sort de sa sieste. Je lui demande où je suis. Pas de panneaux depuis un temps que je ne mesure plus. Personne n'est vraiment capable d'indiquer une direction. «Par là-bas» s'accompagne toujours d'un geste assez vague. Ou bien «Toujours tout droit» quand souvent la route bifurque entre une vraie droite et une vraie gauche... On est au milieu de nulle part, en ignorant si l'on se trouve à l'est ou à l'ouest, au nord ou au sud de l'île. Rouler, encore et toujours.

Après les hauteurs périlleuses, j'arrive dans un village. Un nom sur un panneau : Puamau. C'est le bon endroit... Sable noir et longue plage sur laquelle les vagues s'écrasent en moussant. Sur un plan un peu élevé, une église a été construite. Fenêtres cassées et ouvertes à tous les vents, une partie des tuiles du clocher s'est envolée, elle semble en déshérence. L'intérieur prouve que ça n'est pas le cas. Elle est bel et bien en activité. Chromos accrochés aux murs avec les fenêtres qui offrent autant de trouées sur la lumière et la végétation polynésiennes. J'avise le syncrétisme qu'on dira esthétique entre un art vaguement maori et un art franchement saint-sulpicien. Le paganisme revu et corrigé par Vatican II. Des bondieuseries sculptées avec le ciseau épais de l'artisanat postmaori.

Entre une dame jeune et volumineuse qui vient sonner l'unique cloche d'un midi à l'heure polynésienne – autrement dit : un bon midi dix... Elle me rappelle qu'à Chambois, le village de mon enfance, j'ai longtemps sonné les cloches avec le sacristain de cette manière ; il me laissait m'envoler accroché à la corde. Pour elle, la chose paraît impossible – sauf à précipiter le clocher à terre...

Tout à l'amour du prochain, elle me demande ce que je fais là et m'invite à sortir. Le coup du pilier de Claudel n'est pas pour aujourd'hui. La bedeau maorie grimpe dans un volumineux pick-up flambant neuf à l'intérieur décoré comme un camion volé : sans doute l'imprégnation saint-sulpicienne. Elle part en vrombissant, sa bimbeloterie de peluches et de mousse ondule autant qu'elle.

Sandwich en bord de mer dans une cabane qui, hélas, diffuse de la télévision non-stop. Dans ce décor de rêve, Nagui crie dans le poste qui démultiplie sa vocifération avec un fort volume. Pain décongelé, passé au micro-ondes, avec une viande reconstituée et impossible à identifier, mais colorée en rose soutenu. Un fromage, virtuel lui aussi, a été taillé en copeaux gras, couleur beurre frais. Eau dans un pichet de plastique accusant des heures de vol – il peluche. Le tout bétonne l'estomac pour la journée.

Quelques mètres plus haut, ontologiquement loin de l'église déglinguée et de la cabane sous perfusion télévisuelle, au milieu d'un décor de rêve, dans un petit cirque naturel rocheux verdi par la lumière d'une abondante végétation, le temple païen impose sa magnificence, sa puissance, sa sérénité. Éloquence du silence.

Le lieu, au nord-est de l'île, a été le théâtre d'une guerre ancienne ayant opposé des tribus dont la perdante a été reléguée à Atuona, au sud. Ce fait datant d'un demi-millénaire semble avoir imprégné les consciences, car le Marquisien m'ayant fait ses confidences m'avait dit combien ceux du Sud n'aimaient pas ceux du Nord. J'ignore s'il connaissait cette histoire, qui paraît être la source de cette inimitié qui dure encore. La mémoire est plus vive dans un peuple dont la civilisation fut orale que dans celle qui fait confiance à ses papiers. Le risque est qu'à la mort du dernier qui sait, plus personne ne sache si ce qu'il fallait savoir n'a pas été transmis. C'est tout le sens des *Immémoriaux* de Victor Segalen : une civilisation disparaît quand elle a perdu la mémoire d'elle-même. L'oubli du passé, ou la haine du passé qui prépare son oubli, rend impossible le présent ; il obère donc tout futur. La mort est alors là.

À la fin du xixe siècle, cette terre sacrée pour les païens a été offerte par une cheffesse de la vallée à un pasteur hawaïen qui s'est empressé de débroussailler, de détruire les grands banians sacrés de la zone taboue pour y planter... des caféiers ! Les Tikis ont été volontairement endommagés, notamment émasculés. Pendant la Seconde Guerre mondiale, les Allemands en ont même décapité un avant d'emporter sa tête qui se morfond dans un musée de Berlin.

Les archéologues ont identifié les lieux de ce temple païen : l'espace de cuisson avec le feu du chef, la fumée servant aux prédictions ; l'autel destiné à recevoir les offrandes ; les terrasses qui recouvrent des fosses d'ossements des sacrifices humains ; l'atelier de tatouage – ces marquages que l'on trouve désormais sur le corps de tous, touristes compris, étaient réservés aux nobles de haut rang ; l'aire d'aiguisage et de polissage des pierres ; l'habitation de la cheffesse ; la salle de réception des hôtes ; l'espace pour la circoncision ; un autre pour les chants ; le bâtiment qui accueille les prêtres. Je songe à cette cheffesse : pour qu'une civilisation sombre, il lui faut ce genre de fossoyeurs qui sape de l'intérieur en facilitant le travail de ceux qui attendent la chute du fruit pourri.

Les *Immémoriaux* me sautent alors à l'âme. Cette œuvre est un roman ethnographique qui n'est ni un roman, ni ethnographique : pas roman, parce qu'ethnographique ; pas ethnographique, parce que roman. Un tiers-objet – comme Victor Segalen lui-même qui est un esthète, un dandy. Ce livre est un livre d'esthète, un livre de dandy, un livre esthète et un livre dandy. Un genre de vaste poème en prose comme le sont les textes fondateurs de civilisation. Segalen en conçoit le projet seulement un mois après être arrivé à Tahiti.

Tenu à la réserve en tant que militaire, il publie le livre sous le pseudonyme de Max Anély – Max est le prénom de son meilleur ami d'alors, Max Prat, ancien condisciple au lycée de Brest ; Anély pour Annelly, l'un des prénoms de sa femme. L'éditeur, le Mercure de France, ne croit pas au livre ; il l'accepte, mais à compte d'auteur. Il paraît en 1907. Segalen souhaitait sa sélection pour le Goncourt, le cinquième du nom. Seul Mirbeau aurait voté pour lui, mais il avait déjà promis sa voix à une autre œuvre.

Segalen a juste rédigé un chapitre sur place, « Le prodige ». L'essentiel a été écrit… en Bretagne, à Brest. Il a tout lu de ce qui a pu s'écrire sur les Marquises avant d'entreprendre pendant quatre années la rédaction de ce livre qui se veut mémoire de ceux qui ont perdu la mémoire. Voilà le sens du mot « immémoriaux » qui donne son titre énigmatique à ce livre qui ne l'est pas moins :

la mémoire de ceux qui ont perdu la mémoire. Dans ces pages, il se propose de faire revivre les Maoris entre 1819 et 1839. Le titre auquel il songe d'abord? *Les Dieux qui tombent.* Il s'inscrit bien dans le sillage nietzschéen de qui dénonce la destruction d'une civilisation, la maorie, par une autre, la judéo-chrétienne.

Aux Marquises, à Hiva-Oa, il a entendu de la bouche même d'une ancienne le récit des généalogies traditionnelles. Ce témoignage d'un monde disparu lui est paradoxalement donné dans la maison du pasteur qui logeait à quelques mètres d'une case qu'avait occupée Gauguin.

Dans *Les Immémoriaux*, tout est vrai dans le fond ethnologique; tout est faux dans la forme romanesque; l'ensemble est philosophiquement vrai, mais la littérature y apparaît parfois niaise. Ainsi quand Segalen fait parler des Maoris en restituant à sa manière leur langage : la longue-vue y est un «bambou jaune et luisant»; le galion, une «grande pirogue noire»; le bruit du canon, la «voix du gros mousquet»; l'alcool, la «boisson qui brûle et rend joyeux»; les partitions, des «tatouages de petits signes noirs qui marquent des noms, des rites, des nombres»; les imprimeurs, les «fabricants de signes parleurs»; la boussole, la «petite aiguille folle des étrangers marins»; les chevaux, des «cochons-porteurs-d'hommes»;

l'église, le «faré-pour-prier»... En outre, Segalen recourt à de nombreux mots maoris sans les traduire, ce qui noie le récit dans un labyrinthe d'autant que les noms propres y abondent et changent lors des conversions au christianisme.

Dans ce récit néomythologique, Segalen rapporte les coutumes marquisiennes : la grandeur de l'oralité ; l'inexistence de la propriété ; la récitation des généalogies à l'aide d'une cordelette à nœuds ; la société initiatique avec ses degrés ; le langage volontairement obscur des grands initiés ; les sacrifices du porc, mais aussi ceux des humains ; les banquets cannibales – on y prépare ainsi un «bras de malfaiteur rôti avec des herbes» ou l'on pratique l'énucléation avant consommation de l'œil par les guerriers ; la momification du chef ; l'exclusion des femmes des cérémonies anthropophagiques ; l'offrande sexuelle des femmes aux étrangers comme cadeau de bienvenue ; la danse et la musique rythmée des dieux du Jouir ; la possibilité pour les hommes de se changer en arbres ; les offrandes abondantes et luxuriantes offertes aux divinités ; la subtilité de la cosmogonie ; la complexité des récits mythologiques ; l'art de lire les étoiles pour se déplacer en mer ; les rituels d'enterrement ; le baptême d'un bateau ; les tabous alimentaires ; le sens des fétiches.

Ce qui s'avère le plus net dans cette civilisation pour Segalen, c'est son hédonisme : on ignore le péché ; la chair n'y est pas coupable, elle est simple et joyeuse ; les femmes se parent, se parfument au monoï, elles lissent leurs cheveux ; les hommes se tatouent le corps ; les maris offrent leurs épouses aux hôtes de passage ; tout est occasion de fêtes. « Sous ce firmament, ici, les hommes maoris proclament ne manger que du bonheur. » Quand ils chantent, on les entend psalmodier sur des mélodies subtiles : « Nous allons en maîtres ; en maîtres de joie, en maîtres de vie ; en maîtres de volupté. » Ou bien encore : « C'étaient vraiment des maîtres-de-jouissance : nul lien, nul souci, nulle angoisse. »

Dans la fameuse lettre à son ami Henri Manceron qui raconte combien la Polynésie lui fut une conversion hédoniste, Segalen précise : « Outre la classique épouse maorie, dont la peau est douce et fraîche, les cheveux lisses, la bouche musclée, j'ai connu des caresses et des rendez-vous, des libertés qui ne demandaient pas autre chose que la voix, les yeux, la bouche et de jolis mots d'enfants. Il est grand temps que je le réaffirme, avant la maturité : la jeune fille, la vierge, est pour moi la véritable amoureuse – et si peu complice, ou bien si habilement et exquisement hypocrite ! À trente-trois ans cela peut encore se dire, surtout après vingt ans de goût ininterrompus ; si dans vingt ans je le déclare encore, mes amis, au moins, sauront que ceci ne dénonce pas de la sénilité, mais ma plus franche attitude amoureuse. Ceci encore, mon *Essai sur l'exotisme* le dira : la jeune fille est distante de nous à l'extrême, donc précieuse incomparablement à tous les fervents du Divers. » Cette lettre date du 23 septembre 1911 ; or Segalen est marié depuis le 3 juin 1905 ; on peut légitimement penser que, depuis 1891, puisqu'il confesse cette passion depuis vingt ans, les jeunes filles vierges sont l'un de ses goûts sexuels, qu'il ait été célibataire ou marié. Cette liberté sexuelle, l'Océanie la permet alors que le christianisme la strangule.

En contrepoint au tableau enthousiaste des mythes et pensées, des rites et coutumes, des « beaux parlers originels » et de la « mémoire longue » des Maoris, Segalen peint la fresque noire du monde des chrétiens : l'étroitesse de cette civilisation de l'écriture avec le carcan des mots ; les textes qui justifient la guerre, la mise à mort, l'asservissement des peuples à leur divinité ; le commerce de leurs Bibles reliées en peau de chat ; le culte de la propriété et l'afférente condamnation du vol ; la sexualité réglementée par le mariage ; le refus du plaisir sexuel ; la haine des autres dieux ; le ridicule de leur offrande de pain avec la cérémonie de l'eucharistie ; la condamnation des rites maoris – le sacrifice du premier-né mâle, le cannibalisme, la polygamie ; leur *Iesu-Kirito* chanté sur de pauvres cadences ; le dimanche férié et les cérémonies pleines de mots et vides de fêtes ; les corps honteux et cachés ; la manie de porter des chaussures ; l'ardeur à séparer les hommes des femmes ; les vêtements noirs ; les mines tristes ; la persécution de la religion indigène avec mise à mort des prêtres de l'ancien culte ; leur conversion de toute la population ; la multiplication des interdits (vol, fornication, adultère, séduction, bigamie, ivrognerie, séduction, tatouage, animaux errants...) et leur condamnation à la prison, aux travaux forcés ou à la mort.

Certes, on peut lire rapidement *Les Immémoriaux* et imaginer que les chrétiens ont détruit la civilisation maorie. Mais Segalen construit son récit sur un moment essentiel qui renvoie au titre : le récitant oublie la liste des généalogies ; il récite, puis, soudain, d'un seul coup, de façon inexplicable, il a un trou : il ne se souvient plus. Là est la faute qui rend possible l'arrivée des missionnaires et le triomphe de leur idéologie mortifère. Ils triomphent d'autant plus facilement que les Marquisiens leur ont préparé le terrain : en étant devenus amnésiques, oublieux de leurs traditions, en n'ayant pas conservé ce que les ancêtres avaient appris à leurs ancêtres, en méprisant les enseignements des anciens, ils ont creusé leur propre tombe. En perdant la mémoire de ce qu'ils étaient, ils n'ont pu continuer à être, ils ont donc disparu, victimes *d'abord* d'eux-mêmes, *ensuite* des missionnaires protestants : car l'envahisseur n'envahit que parce que l'indigène lui laisse la place. Toute servitude est volontaire.

Les Immémoriaux, comme le dit le prière d'insérer du livre, ce sont les hommes « oublieux de leurs coutumes, de leurs savoirs, de leurs dieux familiers, de toutes les forces qu'enfermait pour eux leur propre passé ». Ce sont aussi ceux qui ont perdu la mémoire de ce qu'ils furent, donc de ce qu'ils sont, et qui, de ce fait, ne peuvent être et, donc, ne pourront plus être. Pour son premier biographe, Henry Bouillier, le sujet des *Immémoriaux* est bel et bien l'« histoire de la décadence d'un peuple ».

Dans les ruines de ce qui fut l'un des temples de cette religion maorie, à Puamau, face au grand Tiki silencieux pour toujours, en présence du Tiki souriant, non loin du Tiki de la Fécondité qui ressemble à un crapaud, sous le soleil brûlant, pareil à celui qu'ont connu nombre d'officiants anciens sous les banians sacrés, ou Segalen lui-même, le silence me fut ici l'occasion d'une longue leçon : le sommeil de la mémoire engendre des monstres. Ne plus savoir réciter le nom de ses ancêtres, c'est creuser sa tombe sur laquelle viennent danser les fossoyeurs qui peuvent alors devenir les créateurs de civilisations nouvelles. Barbares et civilisés changent alors de camp.

5

« *Un imaginateur de dieux* »

De Gauguin, Segalen a clairement déclaré : « Je puis dire n'avoir rien *vu* du pays de ses Maoris avant d'avoir parcouru et presque vécu les croquis de Gauguin. » Cette première lettre envoyée à son ami Henry de Monfreid dit l'importance que le peintre a dans sa vision de l'archipel des Marquises et d'Hiva-Oa, l'île qui en fait partie et dans laquelle a vécu l'homme qui peignait des chevaux roses et des chiens comme des renards. De la même manière que Segalen va en Polynésie parce que son affectation militaire l'y conduit, il se rend aux Marquises parce que l'ordre de ses supérieurs l'y missionne. Le gouvernement demande que *La Durance* aille récupérer des objets de la succession de Gauguin qui vient de mourir deux mois plus tôt. Il ne choisit pas plus l'Océanie que les Tuamotu ou les Marquises.

Le voyage de Papeete à Hiva-Oa dure une

petite semaine, entre cinq et six jours de goélette, selon le temps, pour mille cinq cents kilomètres. Quand Segalen arrive sur place, il connaît l'existence de Gauguin, Remy de Gourmont lui en a parlé au Mercure de France, bien qu'il n'apprécie pas sa peinture. En revanche le poète breton Saint-Pol-Roux lui a probablement fait l'éloge de ce peintre qu'il aime. Segalen lui rapportera les bois sculptés qui entouraient sa Maison du Jouir. Il sait aussi peut-être que le peintre fait parler de lui, qu'il a des problèmes avec les curés, les gendarmes, l'administration et qu'il vient d'être condamné à trois mois de prison. Son savoir ne va guère au-delà.

Qui est Gauguin? Le créateur d'un mythe: celui de l'artiste qui sacrifie tout, je dis bien tout, pour ne vivre que pour son art et qui lâche métier, amis, famille, femme, enfants pour aller au bout du monde, aux Marquises en l'occurrence, afin de consacrer la totalité de son temps à la peinture. Cet homme ne pouvait que plaire à Segalen, médecin militaire qui n'aime pas son métier et qui écrivait à Henri Manceron qu'il avait «posé pour Raison de vivre l'œuvre d'art» (23 octobre 1908).

Gauguin, c'est une force de la nature, un artiste avec les défauts habituels de la corporation, narcissisme et égotisme, égocentrisme et susceptibilité, c'est un cogneur, une brute, un sauvage, c'est un buveur, un morphinomane, c'est un poète et un fou. Mais, à propos des fous, ou des « déraisonnants », Segalen n'écrit-il pas dans son *Essai sur l'exotisme* qu'ils sont des êtres « en qui nous nous retrouvons si bien » ?

Segalen dit, dans le portrait qu'il fait du peintre, *Gauguin dans son dernier décor* : « Gauguin fut un monstre, et il le fut complètement, impérieusement. [...] Il apparut dans ses dernières années comme un être ambigu et douloureux, plein de cœur et ingrat ; serviable aux faibles, même à leur encontre ; superbe, pourtant susceptible comme un enfant aux jugements des hommes et à leurs pénalités, primitif et fruste ; il fut divers, et, dans tout, excessif. » L'artiste fut grand ; l'homme, invivable.

Gauguin c'est aussi un style, un ton, une émotion en peinture. À dix mètres d'une toile qu'on ne connaît pas, on la reconnaît comme étant de lui. Des couleurs franches, comme lui ; des à-plats nets, comme lui ; des visions inédites et des cadrages inouïs, comme il voyait et envisageait, autrement dit : comme il *donnait un visage* au monde.

Pour les sujets : Jacob et l'Ange luttent sur une terre rouge vif, un sol de sang, en compagnie de femmes qui arborent des coiffes bretonnes au premier plan ; crucifié, le Christ est jaune comme un Chinois et les femmes qui prient au pied de la croix arborent elles aussi le costume tradition-nel bigouden. Le reste est à l'avenant. Pour les cadrages : trois chiots qui lapent le lait d'un poêlon dans la partie supérieure de la toile renvoient dans la partie médiane à trois coupes qui ressemblent à des calices noirs aux pieds desquels se trouvent trois fruits alors que, dans la partie inférieure, des poires reposent dans un linge ou un bol, le tout composé comme une estampe japonaise, avec une vue plongeante de laquelle toute perspective a été effacée ; de vieilles femmes d'Arles apparaissent dans le cadre d'une toile dans laquelle une bar-rière sang-de-bœuf ferme horizontalement l'es-pace qu'ouvre verticalement l'ocre des troncs de deux arbres dont le fût est pour chacun un long cône effilé. Gauguin voit les choses autrement ; il les colorie autrement ; il les compose autrement que quiconque à l'époque.

Or, cette époque, c'est celle d'avant l'Océanie, une géographie qui va révéler un autre monde dans la même palette de couleurs et la même singularité compositionnelle : celui de l'hédo-niste polynésien qui laisse derrière lui les anges, fussent-ils des combattants sur un sol rouge, et le Christ, fût-il jaune comme un Asiate et prié par des bigotes de Pont-Aven, au profit des vahinés dévêtues et des Marquisiennes aux peaux cuivrées.

Dans *Avant et après*, Gauguin décrit ainsi le corps de Marquisienne : « Il y a en elle ce sens du beau décoratif que j'admire dans l'art marquisien après l'avoir étudié. Puis ne serait-ce que cela ? N'est-ce donc rien qu'une jolie bouche qui, au sourire, laisse voir d'aussi belles dents ? [...] Et ce joli sein au bouton doré si rebelle au corset ? Ce qui distingue la femme maorie d'entre toutes les femmes et qui souvent la fait confondre avec l'homme, ce sont les proportions du corps. Une Diane chasseresse qui aurait les épaules larges et le bassin étroit. [...] Chez la Maorie, la jambe depuis la hanche jusqu'au pied donne une jolie ligne droite. La cuisse est très forte, mais non dans la largeur, ce qui la rend très ronde et évite cet écart qui a fait donner pour quelques-unes dans nos pays la comparaison avec une paire de pincettes. Leur peau est jaune doré, c'est entendu et c'est vilain pour quelques-uns, mais tout le reste, surtout quand il est nu, est-ce dont si vilain que cela ? Et ça se donne pour presque rien. »

Le peintre raconte ce qu'il a peint. Il inscrit également sa description, donc sa peinture, dans l'art marquisien : Gauguin ne regarde pas les Tikis ou les bois sculptés comme des œuvres d'art détachées du monde intelligible, mais comme procédant du réel corporel. Elles ne tombent pas du ciel, elles montent de la terre. L'art marquisien, c'est l'art du corps de Marquisiens, autrement dit, l'art d'un corps païen, celui qu'ont massacré les chrétiens.

Cette note fait état d'un corps dont les proportions trompent le regard au point que, parfois, le corps d'une femme peut passer pour celui d'un homme. Dans son *Hommage à Gauguin*, Segalen écrit : « La femme possède avant toute autre la qualité de l'homme jeune : un bel élancé adolescent qu'elle maintient jusqu'au bord de la vieillesse. Et les divers dons animaux se sont incarnés en elle avec grâce. » Puis, plus loin : « La hanche est discrète et naturellement androgyne. Les hanches ne s'affichent point comme une raison sociale de reproduction, la raison [d']être de la femme. » Cet androgynat apparaît dans un autre endroit de l'œuvre écrite de Gauguin qui fait dire à Daniel Guérin que le peintre a découvert sa part bisexuelle primitive, une découverte dont Gauguin nous dit qu'elle fait de lui un Maori. Précisons.

Un jeune homme « parfaitement beau », dit-il, vient voir le peintre tous les jours ; il pose des questions sur les œuvres entreposées dans l'atelier, les peintures et les bois sculptés ; l'artiste lui propose un jour de prendre le ciseau ; le Maori le questionne sur toutes choses, y compris sur celles de l'amour en Europe. Gauguin veut un jour un beau morceau de bois de rose de belle section ; le jeune homme promet de le conduire dans la forêt où ils le trouveront. Entre la végétation sauvage et les rochers détachés, les ruisseaux et les cascades, tous deux partent de bon matin : « Nous étions bien deux, deux amis, lui tout jeune homme et moi presque un vieillard, de corps et d'âme, de vices de civilisation : d'illusions perdues. Son corps souple d'animal avait de gracieuses formes, il marchait devant moi sans sexe. » Après avoir écrit ce *sans sexe*, Gauguin croit bon de préciser en note : « 1. Le côté androgyne du sauvage, le peu de différence de sexe chez les animaux. 2. La pureté qu'entraînent la vue du nu et les mœurs faciles entre les deux sexes. L'inconnu du vice chez les sauvages. Désir d'être un instant faible, femme. » Poursuivant la description de son état d'âme, il ajoute : « De cette amitié si bien cimentée par l'attraction mutuelle du simple au composé, l'amour en moi prenait éclosion. Et nous étions seulement tous deux. J'eus comme un pressentiment de crime, le désir d'inconnu, le réveil du mal. Puis la lassitude du rôle de mâle qui doit toujours être fort, protecteur ; de lourdes épaules à supporter. Être une minute l'être faible qui aime et obéit. Je m'approchai, sans peur des lois, le trouble aux tempes.» Le jeune homme se retourne au bout du sentier que coupe la rivière qu'il faut traverser. Gauguin voit sa poitrine : l'androgyne a disparu, il s'agit bien d'un jeune homme. Le peintre sent d'un seul coup son désir tomber. Il se baigne dans l'eau fraîche. Il parle ensuite de «l'enfant» et ajoute : «Il n'avait rien compris ; moi seul portais le fardeau d'une mauvaise pensée, toute une civilisation m'avait devancé dans le mal et m'avait éduqué.» Ils arrivens tout deux au bois de rose qu'ils attaquent à la hache : «Je frappais avec rage et les mains ensanglantées je coupais avec le plaisir d'une brutalité assouvie, d'une destruction de je ne sais quoi.» Il cogne, il tape, il frappe, il coupe – en sauvage qu'il est. Puis il conclut : «Bien détruit en effet tout mon vieux stock de civilisé. Je revins tranquille, me sentant désormais un autre homme, un Maori.» L'arbre qu'ils portent tous les deux sent la rose – *noa-noa*.

Se sentir un autre homme, devenir maori : sous la plume de Gauguin, l'aveu est fort. Comme si cette expédition, que je dirais du «bois de rose», avait rendu possibles des retrouvailles du peintre avec son désir primitif, premier, généalogique : celui du temps de l'androgyne, une époque où la complétude est totale parce que la complétude est sexuelle. Pas question, donc, de souffrir du manque de sa moitié perdue, la généalogie du désir expliquée par Platon dans *Le Banquet*, puisqu'il y a une indifférenciation sexuelle apaisante qui dispense de la tyrannie du désir. Le judéo-christianisme a clairement arraisonné chacun à un sexe, celui de sa physiologie, mais la civilisation maorie ne l'entendait pas ainsi. Aujourd'hui encore, le statut du *mahus*, ce troisième sexe parfaitement intégré socialement, témoigne de la plasticité identitaire sexuelle en Polynésie.

Ainsi, à Makatea, une île de corail de l'archipel des Tuamotu sortie de mer pour culminer à cent mètres d'altitude et que l'on ne rejoint qu'en voilier, j'ai attendu le coucher de soleil dans le port de Temao. Cette friche industrielle rappelle l'époque où le rocher de vingt-quatre kilomètres se faisait trouer comme un gruyère pour l'exploitation du phosphate que d'immenses cargos acheminaient partout sur la planète. Il y avait là une ambiance de début du monde avec des enfants qui nageaient en criant, en sautant dans la mer pour faire un maximum de bruit, de gerbes d'eau et d'éclaboussures. Devant ce paysage de piles, de cubes et de pyramides de béton qui semblait millénaire, des Maoris vivaient dans l'eau comme des poissons. Je regardais les mères et les filles avec leurs enfants. Pendant ce temps, les hommes étaient au travail. Au milieu de ce petit monde féminin et infantile, un jeune homme habillé en femme accompagnait toute cette tribu belle et luisante, avec des manières précieuses et exagérées, chignonné, des lunettes de soleil relevées au-dessus de la tête. L'île n'a plus beaucoup d'habitants – une grosse soixantaine. Julien Maï, le maire, taillé comme Gérard Depardieu, torse et pieds nus, le patronyme tatoué sur l'épaule, raconte son île comme on raconte un enfant aimé. Veuf, il a transformé sa maison en petit sanctuaire en mémoire de sa femme : deux photos dans un cadre, des corbeilles de fleurs artificielles réparties de façon symétrique autour d'un petit autel. La villa a pris le nom de son épouse chérie et disparue : Villa Manuna. C'est une petite maison modeste flanquée de deux pièces dans le jardin où l'on dort sans climatisation, dévoré par les moustiques ou mangé par les ninis – de petites bêtes aux morsures très irritantes. Chaque repas de poisson cru mariné dans le lait de coco, ou de crabes de terre, les *kaveu*, dont la poche brune offre l'étrange saveur du foie gras, s'ouvrait sur un bénédicité. Julien était un croyant fervent, assistant à la messe de sa congrégation issue du culte mormon. Le jeune homme habillé en fille, ici, ne pose pas plus de problème que tous ceux que j'ai vus dans mon périple, à

Tahiti, à Tikehau, à Makatea. Dans le restaurant très occidentalisé de Papeete ou dans les friches de Temao, cet androgynat est un fait de société montrant que le judéo-christianisme si répressif sur ce sujet en Europe n'a rien pu faire contre cette nature bisexuelle et bisexuée sous le ciel polynésien.

Daniel Guérin commente le trouble de Gauguin avec le jeune homme en direction du bois de rose comme le souvenir de relations homosexuelles afférentes aux mœurs des marins : «Il a dû tâter à la chose», écrit-il dans son *Gauguin et les jeunes Maoris*. Que l'homosexualité qu'on dira d'occasion aille de pair avec la pratique des bordels chez les marins est un lieu commun. Segalen, qui fut lui aussi marin, n'a rien laissé qui permette de penser qu'il fût de ceux qui tâtaient à la chose, même si l'on sait qu'il eut recours aux bordels. Certes, il a un goût très prononcé pour l'amitié virile, il peut par exemple écrire à sa femme qu'il a rencontré un attaché naval «très séduisant, [...] homme intelligent et actif comme je les aime. Ceux-là seuls peuvent sentir» (16 juin 1909). Ou cette lettre aux Manceron datée du 11 juin 1913 dans laquelle il écrit de Chine : «Je pars décidément le 4 juillet, m'arrête 3 jours à Moscou, 2 à Berlin, dans les bras d'un Juif rencontré jadis au Japon» – il s'agit d'un rédacteur d'une revue, un Juif berlinois répondant au nom de Cohn. L'expression *dans les bras* mériterait une explication... D'aucuns ont également parlé de relation homosexuelle avec le jeune René Leys, un Français de dix-neuf ans vivant en Chine, parfaitement bilingue et très au fait de la vie secrète et des mœurs cachées de l'Empereur dans la Cité interdite. Quand il est dit que de nombreuses correspondances de Segalen ont été expurgées pour éviter de choquer les descendants, on aimerait savoir de quoi...

Qu'importe. Retenons que la Polynésie est le lieu de la liberté sexuelle, qui est presque le tout de la liberté, et que celui qui aime les jeunes personnes, les êtres du même sexe que lui, la pluralité des partenaires, simultanément ou successivement, la bisexualité si souvent oubliée entre l'homo et l'hétérosexualité, trouve son compte à ce régime libidinal libertaire.

Ces «naturels», comme les nomme Gauguin dans une ellipse pour *ces hommes naturels,* sont les hommes d'avant la civilisation. Depuis le *Voyage autour du monde* de Bougainville suivi du *Supplément au voyage de Bougainville* de Diderot, Otahiti, comme on dit dans un nom qui rassemble tout l'imaginaire polynésien, c'est le symbole d'un monde d'avant le monde chrétien qui rend possible l'hypothèse d'un monde d'après le monde chrétien. Cette hypothèse est aussi celle de Segalen.

Gauguin fonctionne en messie de la religion païenne que Segalen veut restaurer. *Les Immémoriaux* se fracassait sur le tragique d'un monde mort; Segalen lui veut une suite qu'il intitulerait *Le Maître du Jouir* et qui ferait de Gauguin l'homme de «la Restauration de la Race» – comme il le dit dans une lettre à Debussy datée du 20 mars 1907. Ce livre n'aura pas lieu. Il en reste des ébauches, des fragments, des notes publiés bien après sa mort sous le titre *Gauguin dans son dernier décor*.

Préfaçant le bel objet bibliophilique que fut *Noa-Noa*, Segalen affirme que seul Gauguin «aurait réengendré des dieux à la race maorie». L'artiste comme régénérateur d'une civilisation qui s'effondre, c'est très exactement le projet de Nietzsche qui, en 1872, propose dans *La Naissance de la tragédie* qu'en Allemagne le mythe contribue à la restauration de la civilisation européenne, via le drame musical wagnérien. Le philosophe écrit: «Faute de mythe, toute culture perd la saine fécondité de son énergie native; seul un horizon circonscrit de toute part par des mythes peut assurer l'unité de la civilisation vivante qu'il enferme.» Segalen réactive le projet nietzschéen en imaginant que, par la peinture et la statuaire de Gauguin, la civilisation maorie moribonde pourra renaître de ses cendres. On le sait, Nietzsche échouera dans son projet ; Segalen lui aussi ne parviendra pas à enrayer avec la seule invocation de Gauguin le déclin de ce peuple détruit par les maladies physiques et mentales de l'Occident chrétien.

Segalen voit dans les « *Travaux des jours et des Dieux maoris* refaçonnés, réécrits par l'homme qui pouvait seul les imposer de nouveau » le texte fondateur de cette reconquête païenne pensée comme une contre-conquête occidentale chrétienne. La peinture de Gauguin en formule les mythes avec ses scènes simples et colorées, naïves et franches, directes et évidentes. L'œuvre peinte devient la légende dite.

Après le ravage que les missionnaires chrétiens ont importé dans l'île, il ne reste plus rien. Segalen écrit : « Il n'existait, avant Gauguin à Tahiti, aucune hypostase maorie. » Ce qui est faire peu de cas des Tikis que le penseur breton connaît, puisqu'il dit par ailleurs qu'ils gisent renversés, le visage dans la boue... D'autre part, la statuaire néomaorie de Gauguin s'inspire nettement de ce que l'on nomme aujourd'hui les arts premiers de Polynésie : des Tikis marquisiens aux statues de l'île de Pâques, colonisée par les marins venus des Marquises, en passant par d'autres œuvres retrouvées dans les chantiers de fouille polynésiens, il y a une évidente parenté esthétique, formelle, spirituelle dont Gauguin, qui a travaillé sur certaines d'entre elles, capte la force et la forme, l'énergie et la dynamique.

Segalen prête à Gauguin un projet qui ne fut pas le sien : jamais le peintre n'a eu le désir ou le souhait de contribuer par son art à la restauration d'une civilisation corrompue puis détruite par le poison chrétien. Il a quitté Tahiti qu'il trouvait déjà trop détériorée par l'Occident avec son administration coloniale et sa pègre commerciale, ses gendarmes et ses évêques, ses juges et ses fonctionnaires, pour vivre auprès des «sauvages», comme il disait, afin de se nourrir de leur vérité : il avait plus le souci de prendre des leçons d'eux que de leur en donner, même en leur restituant leur mythologie par des peintures et des bois sculptés.

Le poète breton, en quête d'une mystique païenne, demande à Gauguin de la lui offrir dans une logique nietzschéenne : sauver la civilisation abîmée, détruite, gâtée, corrompue, par une restauration esthétique qui devient une politique. Une esthétique politique, une politique esthétique, une esthétisation de la politique, une politisation de l'esthétique : Segalen nage dans les eaux du premier Nietzsche. Gauguin est à Segalen ce que Wagner est à Nietzsche : la promesse d'un salut *réactionnaire* – au sens étymologique : restaurateur d'un ordre ancien.

Il n'en fut rien. Car aucune civilisation moribonde ne saurait renaître ; encore moins une civilisation morte. Pareille résurrection relèverait du miracle, et un nietzschéen sait que tout miracle est la croyance des faibles. Gauguin ne fut pas un « imaginateur de dieux », mais un chamane qui les convoquait pour sa seule religion personnelle : l'art.

Segalen a visité la Maison du Jouir de Gauguin. Certes, elle fut celle des jouissances corporelles – « la femme, là-bas, se montre moins atteinte du mal de pudeur, un peu plus libre, un peu plus belle, un peu plus nue », écrit Segalen. La femme, les jeunes filles nubiles, les épouses polyandres, les garçons androgynes et tout ce que l'on voudra en matière de chair libre. Mais cette maison fut aussi celle des souffrances d'un Gauguin alcoolique, malade du cœur, morphinomane, gangrené par un ulcère géant aux jambes – un genre d'*analogon* de ce qui advenait à la Polynésie et aux Marquises en particulier.

Dans un moment de lucidité, Segalen écrit, dans *Pensers païens* : « Une race marquée à mort, on ne peut faire qu'elle ne meure pas. » Ce Gauguin rêvé par Segalen ne fut qu'un rêve. Segalen avait prévu de revenir seul six mois aux Marquises pour écrire son *Maître du Jouir*. Il ne revint pas. Son manuscrit est inachevé. La mort qui avait emporté la civilisation maorie l'a pris lui aussi, car ce qui advient aux hommes arrive aussi aux civilisations...

6

« *Tout musée est un tombeau* »

L'ACHARNEMENT THÉRAPEUTIQUE

Lorsque après plus de vingt heures de vol j'arrive à l'aéroport de Tahiti, j'avise derrière une vitrine des œuvres d'art premier. Je m'approche, je regarde. Or, ce qui accueille le visiteur n'est que copies, artefacts, duplicatas d'artisans. Les œuvres originales, pillées comme il se doit, se trouvent dans les grands musées d'Europe. Le Musée du quai Branly a sa part dans ce détournement cannibale. La valeur polynésienne nourrit l'ogre parisien. Ici comme partout ailleurs, le jacobinisme impose sa loi.

Jacques Chirac, dont chacun se plaît à dire qu'il a beaucoup fait pour les arts dits premiers, a procédé comme il en avait l'habitude : à la hussarde. L'homme dont on dit qu'il aimait les arts premiers a ruiné l'Afrique contemporaine en soutenant des régimes dictatoriaux qui le soutenaient ; l'homme dont on dit qu'il aimait les arts premiers a nucléarisé le Pacifique en polluant massivement, et pour des siècles, une immense zone autour de Mururoa – la France y a fait exploser cent quatre-vingt-treize bombes atomiques ; l'homme dont on dit qu'il aimait les arts premiers a rempli sa trace mémorielle, le Musée du quai Branly, avec des œuvres rapatriées dans la capitale de la métropole en vidant les pays spoliés de leur mémoire qu'on expose au visiteur, au touriste – une engeance vomie par Segalen.

Michel Leiris, déjà, raconte dans *L'Afrique fantôme* quelles étaient les méthodes de voyou qu'il utilisait, lui et ceux de sa Mission (*sic*), pour s'approprier des œuvres cultuelles transformées en œuvres culturelles par leur exposition au Musée de l'homme – aujourd'hui recyclé au Quai Branly. On parle rarement de cette modalité de l'ethnocide que fut la confiscation des œuvres d'un peuple par un autre peuple et à son seul profit.

Le musée n'expose que ce qui est mort et Segalen n'a pas tort d'écrire : « Tout musée est un tombeau. » Car, quand une œuvre est vivante, elle n'est pas exposée dans une vitrine, étiquetée, labélisée, fichée comme un insecte au thorax crevé par l'aiguille qui le cloue sur le liège. L'exposition *Mata Hoata. Arts et société aux îles Marquises* organisée par le Musée du quai Branly dénonce dans son catalogue le colonialisme et le christianisme, c'est facile, c'est bien vu, c'est à la mode, mais elle oublie de signaler que la muséification d'œuvres hors leurs lieux d'origine participe d'une même logique : défaire un peuple de ce qui le faisait en exposant ce qu'il fit. Jadis, on exposait les Nègres dans des cages lors des Expositions universelles ; aujourd'hui, on expose leurs œuvres dans des vitrines. On progresse...

Il n'existe aucun musée d'art polynésien digne de ce nom en Polynésie. Le Musée de Tahiti, « le plus important complexe culturel de Tahiti », expose coquillages et hameçons, grattoirs et bijoux en coquillages, râpe à corail et mâchoire de baleine, mais aussi des bannières chrétiennes de l'époque missionnaire... On ne trouve aucune œuvre de Gauguin aux Marquises ou à Tahiti, ses lieux de séjour, où il existe toutefois ce que l'on peine à nommer deux *musées*.

Ainsi, aux Marquises, le musée Gauguin réussit cette performance de n'avoir aucune œuvre du peintre que le lieu est censé honorer. Pas de peinture, pas de dessin, pas de sculpture, pas de terre cuite, pas de manuscrit, pas de zincographie, pas de lithographie, pas de bois, pas de photo originale, rien. Rien...

On entre dans un bâtiment où les moustiques piquent le rare visiteur. Il y fait tellement chaud que la dame donne les tickets dehors, devant la porte d'entrée. Un distributeur d'eau fraîche glougloute à côté de la caisse. On prend son verre que certains reposent au milieu des verres propres. Dix minutes plus tard, séché jusqu'à la moelle, il peut servir au visiteur suivant qui viendra peut-être le jour d'après.

Les toiles abondent. Les couleurs sont vives, criardes, acides comme un citron. Mais ce sont des reproductions... Le vice, sinon le masochisme ou l'inconscience des concepteurs, va jusqu'à exposer deux reproductions d'une même œuvre pour montrer que reproduire n'est pas produire le même... mais le maltraiter! Les scénographes ont même pensé à édifier un panneau où figurent les grands musées du monde dans lesquels se trouvent les œuvres du peintre. Voilà probablement l'unique musée qui expose un document expliquant qu'on ne verra rien dans son enceinte puisque tout est ailleurs!

On a envie de pleurer. J'imagine que Gauguin entrerait dans un pareil lieu comme le Christ (jaune) chassant les marchands du temple! Fou de colère, il y porterait sûrement la torche pour y mettre le feu et raser l'endroit. Il serait probablement une fois encore aux prises avec le gendarme et l'administrateur, le policier et le geôlier. Plutôt rien que cette parodie, cette palinodie à laquelle la métropole contraint ce pauvre petit pays avec son riche passé.

Quelques mètres plus loin, d'autres marchands du temple vendent de l'artisanat sous un hangar tapé par le soleil. Il ne faut pas les blâmer, ils n'ont que cela pour vivre un peu dignement de leur travail. Mais l'art marquisien y est profané pour quelques billets de rares touristes : des sculptures de Tikis faites à la chaîne – elles pourraient même provenir d'un atelier chinois tant l'objet dupliqué ne diffère de son voisin que par la couleur et les nervures du bois. Des colliers de coquillages que tout le monde achète, mais que personne ne porte parce que leurs petites pointes taillées comme des rasoirs piquent la peau. Des peintures sur des papiers artisanaux qui représentent des vahinés, mais dans l'esprit des calendriers routiers de Pirelli, ou le pauvre visage de Jacques Brel, quand ça n'est pas son avion, massacrés par une main malhabile. Un exemplaire du *Petit Prince* traduit en maori, mais pas de livre racontant la mythologie de ce grand peuple des mers. Deux récits de voyageurs d'avant le XXe siècle sont proposés sous forme de polycopiés et vendus au prix du caviar. Là aussi, là encore, on a envie de pleurer...

Les spectacles dits marquisiens donnés dans les hôtels font eux aussi peine à voir et à entendre.

Segalen a écrit « Voix mortes : musiques maories »
dans la revue du *Mercure de France* le 15 octobre
1907. Il y dit tout ce que l'on peut penser, déjà, à
cette époque, de cette musique. Lui qui était musi-
cien et mélomane (il a fait un nombre incroyable
de fois le trajet de Brest à Paris pour écouter des
opéras à Garnier), qui a composé un livret sur
Siddhârta qu'il destinait à Debussy, le dédicataire
de son article, écrit ce que fut cette musique : « Un
bruissement de beaux sons rauques ou plus doux,
de rudes cadences ou souples, et une incessante
mélopée : chaque instant de la vie joyeuse avait
son chant réservé, son mode de parler, sa danse
originelle : même on se battait avec mesure, car
avant la mêlée des poings et le jet furieux des
lances, les chefs, sur un ton particulier, s'inju-
riaient et s'exaspéraient l'un l'autre. »

Puis il ajoute : « Viennent les hommes blancs :
tout se défigure, tout se fausse, et d'abord la
race elle-même. Une par une, les voix se taisent.
Pis encore : celles qui subsistent ne parlent plus
qu'en reniant tout leur passé. » À l'influence du
choral luthérien et des « cantiques fades des mis-
sions romaines » s'ajoutent les « godailleries américaines qui font le coup de grâce : les chants de
guerre, de fastes ou de joie, tombent au rythme
de l'hymne yankee : ils orphéonisent ».

Que faire face à cet effondrement de la civilisation marquisienne ? « Il ne peut s'agir de les ressusciter. On ne croit pas à de tels prodiges ; et les sauveteurs de peuples en déclin ne valent pas, dans tous leurs efforts, une petite énergie qui lève dans une autre race – qui monte. » Segalen imagine ce qu'aurait pu être la musique maorie transfigurée et non détruite par l'apport européen. « Or, vraisemblable il y a cent années – quand dominait encore sur les îles le paganisme maître des jeux et des joies humaines –, un tel espoir est dès maintenant inespérable. Des chants maoris et des danses, s'il en pouvait naître désormais, ne seraient plus que des danses autour d'un mort, et des chants pour les funérailles. » Possible encore en 1807, la chose est devenue impensable en 1907. Qu'on songe à ce qu'un siècle en plus donne à cette prédiction : 2007 n'est plus envisageable que sous le signe des funérailles. Ce que l'on entend dans ces hôtels, ce sont de longs requiem dissimulés sous les fleurs de tiaré, enveloppés dans le dénudement des vahinés, maquillés sous les tatouages dépourvus de signification, le tout sonorisé, scénographié, éclairé à l'électricité.

Dans l'avion entre Tetiaora et Bora-Bora, je lis un article sur le 10ᵉ Festival des arts des îles Marquises qui est le grand rendez-vous culturel, attirant de toute la Polynésie un important public. La première photo montre un groupe de Marquisiens en habit traditionnel végétal. En arrière-plan, on voit des fils électriques et un grillage occidental. Certains ont enfilé des tongs en plastique ; un homme porte une alliance. Sur une autre photo, des musiciens tatoués partout jouent de la guitare, un instrument maori, comme chacun s'en doute. L'un arbore une casquette américaine tenue camouflage, la visière sur le côté ; l'autre a relevé des lunettes de soleil au-dessus de la visière du même couvre-chef, mais jaune vif.

L'article commence bien : la journaliste qui arrive sur l'île en bateau se met dans la peau du découvreur espagnol des Marquises en 1595 ! Les danseurs qui se produisent dans les hôtels convergent vers la place du festival qui a lieu tous les quatre ans. Les tambours sont recouverts par des peaux de vache – un animal introduit par les colons européens, les ancêtres utilisaient la peau de requin, ce qui avait une tout autre signification ontologique. Le thème de l'année est « le retour aux sources » – il y a fort à faire : les jeunes boivent du Coca et du Fanta lors du repas traditionnel ; d'audacieuses danseuses ont tombé le soutien-gorge pour mieux retourner aux sources – « l'initiative a été saluée », écrit la journaliste, on comprend. Un tatoué jusqu'aux yeux est présenté comme un guerrier – peut-être est-ce le loueur de voitures du village, on ne saura pas. On tatoue comme jadis la déesse l'a enseigné : le tatouage était-il réservé aux nobles ? Peu importe : il n'y a plus de nobles, chacun y a droit. Sacrifiait-on un cochon avant la cérémonie du tatouage ? Sur scène, pendue à un bâton, pattes entravées, on apporte la victime expiatoire. Murmure dans l'assistance. Va-t-on assister au sacrifice ? Que nenni. La journaliste nous rassure : « Ils n'en feront bien sûr rien… » Le *bien sûr* ramasse tout ce qu'il faut penser de cette nouvelle palinodie. Les hommes confient qu'ils étaient en relation avec les ancêtres qui les regardaient ; érudite, la plumitive convoque « la puissance du mana »…

Quelques lignes écrites en 1907 par Segalen dans « Voix mortes : musiques maories » pourraient servir de commentaire à cette manifestation folklorique, du moins dans sa partie musicale : « Ces mélodies actuelles, comme la plupart des airs recueillis depuis les invasions civilisatrices, sont frappées de compromissions, entachées et souillées d'éléments trop européens. Le plagiat, flagrant et déplorable, est d'ailleurs avoué non sans lâcheté par les chanteurs maoris eux-mêmes : à Tahiti, les romances américaines, les pas nègres et les plus viles acrobaties rythmiques ont envahi le répertoire ancestral, et se sont répandus comme des parasites immondes, une lèpre, une maladie obscène. Les nobles et naïfs maoris n'ont rien fait pour s'en épouiller : ils les ont accueillis même en trépignant de reconnaissance. Ils en ont accueilli tant d'autres ! Cette race – quand il s'agit de subir des empreintes même honteuses ; de se parer de marques inutiles ; de vêtir des coutumes prudes et si indifférentes à son esprit ; de ramper sous les formules et les formalités –, cette race est stupide à en faire pleurer ceux qui l'aiment. Elle a tout reçu de confiance (et parfois il est vrai, de force), elle a tout mêlé... Elle a aussi tout perdu : elle est civilisée ; elle en meurt. L'Europe et l'Amérique lui ont apporté de pair des dogmes, des chansons, des cotonnades et des haches de pacotille, le cadre du choral de Luther, des maisons inhabitables, des cantiques et même, pour Tahiti, cinq ou six modes divers du prier. »

Ne nous y trompons pas, ces pages sont celles d'un anticolonialiste qui méprise les agenouilleurs et regrette que les agenouillés aient été si dociles. Mais, quand la peau de vache a remplacé celle du requin, le tambour ne parle plus la même langue – il beugle et mugit. Toute servitude est volontaire...

Que faire ? Dénoncer la disparition du Divers qui est, avec le Païen et l'Exote, un concept majeur de la pensée de Segalen ? Dans son *Essai sur l'exotisme*, sous-titré *Une esthétique du Divers* et resté à l'état de projet, de notes, il écrit : « Je conviens de nommer "Divers" tout ce qui jusqu'à aujourd'hui fut appelé étranger, insolite, inattendu, surprenant, mystérieux, amoureux, surhumain, héroïque et divin même, tout ce qui est *Autre* ; – c'est-à-dire, dans chacun de ces mots, de mettre en valeur dominatrice la part du Divers *essentiel* que chacun de ces termes recèle. »

Segalen ajoute qu'il utilise le mot « esthétique » dans son sens premier « qui est celui d'une science précise que les professionnels de la pensée lui ont imposé, et qu'il garde. C'est la science à la fois du spectacle, et de la mise en beauté du spectacle ; c'est le plus merveilleux outil de connaissance. C'est la connaissance qui ne peut être et ne doit être qu'un moyen non pas de toute beauté du monde, mais de cette part de beauté que chaque esprit, qu'il le veuille ou non, détient, développe ou néglige. C'est la vision propre du monde ».

Le Divers c'est le concept qui rassemble sous lui la multitude, la multiplicité, l'abondance, la profusion, la pléthore, la richesse, l'exubérance, le foisonnement du réel, du monde, du caractère concret de tout ce qui est. C'est la diversité fragmentée, divisée, scindée, fractionnée, diffractée comme la lumière d'un diamant. Le capitalisme et la mondialisation veulent la fin du Divers au profit de l'Un vendable et commercialisable, de l'Un susceptible d'être mis en taille réglée pour être ensuite débité en tranches échangeables contre de l'or. La danse maorie sert aujourd'hui de monnaie d'échange contre des devises. Mais c'est une monnaie frelatée.

Les fétiches de l'art premier ont été arrachés aux mains des indigènes pour devenir des œuvres d'art, donc des objets de consommation culturelle, donc des artefacts de spéculation sonnante et trébuchante. En régime ontologique capitaliste, la rareté faisant la richesse, ce qui a subsisté des brasiers chrétiens dans lesquels ont été profanées et détruites les richesses spirituelles polynésiennes est devenu un formidable capital. Toute œuvre d'art premier déracinée de son sol pour être emprisonnée dans un musée ou dans les murs d'un collectionneur privé qui spécule pleure des larmes de sang.

Que reste-t-il? La possibilité d'agir, de vivre, de penser et de sentir en Exote. Qu'est-ce qu'un Exote? Un être qui revendique un subjectivisme absolu: il est un sujet radical, une individualité singulière, inassignable; il décrit moins qu'il ne suggère la sensation, l'émotion, la perception; il est une individualité d'exception, un sismographe, une nervosité sensible aux moindres secousses telluriques ou sismiques des choses, des gens, des êtres, des pays, des peuples, des paysages ; un aristocrate, autrement dit, au sens étymologique, l'un des meilleurs – meilleurs en capacité épidermique ; une personne qui augmente sa personnalité et l'élargit par l'accumulation de sensations puisées dans le Divers ; il subodore des au-delà enracinés dans l'ici-bas ; il se montre libre à l'endroit de son objet et n'est pas prisonnier de la façon qu'ont les autres de le voir ; il conçoit la nature comme autre que lui afin de pouvoir entretenir avec elle un rapport sensuel ; il est l'acteur de l'exotisme pour lequel « il faut savoir lentement le provoquer pour se laisser ensuite étreindre par lui » ; il est un artiste – et l'on comprend que Segalen ait aimé la musique de Debussy, la peinture de Gauguin, la poésie de Saint-Pol-Roux, la littérature de Huysmans, la philosophie de Nietzsche ; en une phrase : « Exote, celui-là qui, Voyageur-né, dans les mondes aux diversités merveilleuses, sent toute la saveur du Divers. » S'il devait régler sa vision du monde et son comportement sur une maxime, ce serait : « Sentir fortement, agir de même. »

Qu'est-ce que l'Exote n'est pas ? Un touriste. Et que sont les touristes ? « Des proxénètes de la Sensation du Divers » ; des gens dont la sensation est médiocre et la perception vulgaire ; de faux explorateurs. Le touriste dégrade le Divers : par lui, à cause de lui, par sa faute, la « tension exotique du monde décroît ». Car les « voyages mécaniques » mélangent les peuples qui perdent de leur diversité au profit d'une uniformisation dangereuse. Le touriste est l'emblématique homme unidimensionnel qui se croit autre en se faisant même – comme croient se distinguer ceux qui se font tatouer pour ne pas être comme les autres qui font comme eux. « Le peuple souverain, écrit Segalen l'aristocrate, apporte partout avec lui les mêmes habitudes, les mêmes fonctions. »

L'Exote n'est pas non plus : le colon, l'administrateur, le fonctionnaire en poste, le voyageur de commerce. Ni même l'écrivain pour lequel le Divers est un prétexte à littérature – il dénonce ainsi Chateaubriand, Senancour, Amiel, Loti, Claudel, Saint-Pol-Roux, Farrère, tous coupables de se mettre au premier plan et d'installer le Divers au second, comme un décor pour leur narcissisme, une autre façon de le faire disparaître. « Ils ont dit ce qu'ils ont vu, ce qu'ils ont senti en présence des *choses* et des gens inattendus dont ils allaient chercher le choc. Ont-ils révélé ce que ces choses et ces gens pensaient eux-mêmes et d'eux ? »

Cet *Essai sur l'exotisme* est mort-né avec son

auteur. Dans ces mêmes notes, Segalen envisageait aussi un livre sans citations, sans noms. Nul doute que ces lignes énervées qui donnent l'impression que l'Exote est un concept sur mesure qui ne s'incarnerait qu'en une seule personne, lui, auraient laissé place à un texte diamantin et pur, sec et brillant comme il savait les écrire. Mais la mort le prend le 21 mai 1919, laissant des caisses de manuscrits inachevés. Il avait quarante et un ans ; il n'avait publié que trois livres : *Les Immémoriaux*, à compte d'auteur ; *Stèles*, volontairement limité à quatre-vingts exemplaires pour ses seuls amis ; *Peintures*, paru discrètement pendant la guerre.

Assis sur le pont du voilier qui me ramenait de Makatea à Papeete, en me prenant des paquets de mer, je songeais à ce voyage qui se terminait. Le trajet avait duré plus de vingt heures. Les images défilaient : j'avais en tête la silhouette massive de Julien Maï, le maire de Makatea qui, torse nu, grattait un ukulélé posé sur son ventre et chantait avec une voix qui se cherchait comme son île se cherche aussi un petit chant d'adieu très touchant. Je songeais aussi à sa jeune fille sans maman, à son sourire triste, à la façon dont elle avait prononcé le bénédicité, presque à voix basse, et à son père qui lui avait dit tendrement :

«On ne t'a pas beaucoup entendue, hein...» Je sentais les larmes me monter aux yeux en me souvenant de leur long au revoir sur le pont alors que nous avions rejoint le voilier : lui, veuf, debout sur le quai dévasté de cette friche industrielle, elle, sans sa mère, dans l'eau chaude de l'océan.

Je me souvenais de cette image qui m'avait marqué dans le *Journal des îles* : Segalen visitait les îles ravagées par un cyclone pour rendre compte des dégâts à l'administration. On lui rapportait comment la population avait été presque totalement rayée de la carte. Un père de famille, robuste plongeur, excellent nageur, a nagé des heures durant pour récupérer ses deux enfants ; il les portait alors que l'un était déjà mort quand il a sombré par le fond à quelques mètres du bord. Et puis cette image d'un survivant qui ne dut son salut qu'en s'accrochant à un cercueil que le cyclone avait jeté à la mer. Survivre accroché à un cercueil : il me semblait que la métaphore convenait à la perfection pour dire de cette civilisation maorie qu'elle ne survit qu'accrochée à un folklore qui est toujours la mémoire d'un passé mort.

Je me demandais ce que je pouvais faire. Il ne me venait qu'une chose à l'esprit : dire. Dire c'est parfois faire ; mais faire est moins de mon ressort que de ceux qui, là-bas, peuvent vouloir autrement que ce qu'on a voulu pour eux depuis leur destruction programmée. Si la servitude est bien volontaire, ce que je crois, la libération l'est aussi. « Soyez résolus de ne servir plus et vous voilà libres », enseigne La Boétie dans son *Discours de la servitude volontaire*. Or, on ne peut pas vouloir pour autrui. Juste lui dire qu'il peut vouloir. Vouloir autrement. Vouloir le Divers. Vouloir son Divers.

La côte de Tahiti apparaissait. Je me souvenais qu'au XVIIIe siècle on disait « Otahiti » parce qu'à la question posée par les voyageurs qui demandaient aux *naturels*, comme on disait alors, comment s'appelait leur île, ils répondaient « *O* Tahiti ». Ce qui veut dire : « *C'est* Tahiti »...

Trempé d'eau de mer, grillé par le soleil, fatigué par la houle, la pluie, la nuit sur le bateau, je me disais que loin de son pays natal, on ne se trouve jamais aussi près de soi. Le voilier accosta ; l'avion attendait. Ces mains agitées de Julien et de sa fille sur le port de Makatea, la petite chanson triste de Julien, l'amour qu'il porte à son île aride et austère en même temps que luxuriante et magique, esseulée au milieu du Pacifique, tout cela tanguait dans mon âme.

Dans une grotte à trente mètres sous terre où l'on nage dans une eau froide et pure, la grotte Vaimarui, on doit mettre la tête sous l'eau pour passer dans une autre cavité d'où tombe une concrétion en forme de pied d'éléphant. C'est seulement si l'on descend sous terre et que l'on se baigne dans l'eau transparente que s'effectue ce baptême païen : alors on peut dire qu'on est venu sur l'île. On peut également faire un vœu. Je le fis pour ce peuple. Mais je ne crois pas aux vœux...

ANTIMANUEL DE PHILOSOPHIE. LEÇONS SOCRATIQUES ET ALTERNATIVES, Bréal, 2001

L'ARCHIPEL DES COMÈTES, Grasset, 2001

CÉLÉBRATION DU GÉNIE COLÉRIQUE. TOMBEAU DE PIERRE BOURDIEU, Galilée, 2002

ESTHÉTIQUE DU PÔLE NORD. STÈLES HYPERBORÉENNES, Grasset, 2002

L'INVENTION DU PLAISIR. FRAGMENTS CYRÉNAÏQUES, LGF, 2002

PHYSIOLOGIE DE GEORGES PALANTE. POUR UN NIETZSCHÉISME DE GAUCHE, Grasset, 2002

SPLENDEUR DE LA CATASTROPHE. LA PEINTURE DE VLADIMIR VELIČKOVIĆ, Galilée, 2002

ARCHÉOLOGIE DU PRÉSENT. MANIFESTE POUR UNE ESTHÉTIQUE CYNIQUE, Adam Biro / Grasset, 2003

FÉERIES ANATOMIQUES. GÉNÉALOGIE DU CORPS FAUSTIEN, Grasset, 2003

LES ICÔNES PAÏENNES. VARIATIONS SUR ERNEST PIGNON-ERNEST, Galilée, 2003

LA COMMUNAUTÉ PHILOSOPHIQUE. MANIFESTE POUR L'UNIVERSITÉ POPULAIRE, Galilée, 2004

ÉPIPHANIES DE LA SÉPARATION. LA PEINTURE DE GILLES AILLAUD, Galilée, 2004

EXERCICES ANARCHISTES, Galilée, 2004

OXYMORIQUES. LES PHOTOGRAPHIES DE BETTINA RHEIMS, Jannink, 2005

TRAITÉ D'ATHÉOLOGIE. PHYSIQUE DE LA MÉTAPHYSIQUE, Grasset, 2005

LE CHRISTIANISME HÉDONISTE, Grasset, 2006

LA PUISSANCE D'EXISTER. MANIFESTE HÉDONISTE, Grasset, 2006

LES SAGESSES ANTIQUES, Grasset, 2006

LA SAGESSE TRAGIQUE. DU BON USAGE DE NIETZSCHE, LGF, 2006

SUITE À LA COMMUNAUTÉ PHILOSOPHIQUE. UNE MACHINE À PORTER LA VOIX, Galilée, 2006

TRACES DE FEUX FURIEUX, Galilée, 2006

FIXER DES VERTIGES. LES PHOTOGRAPHIES DE WILLY RONIS, Galilée, 2007

LES LIBERTINS BAROQUES, Grasset, 2007

LA LUEUR DES ORAGES DÉSIRÉS, Grasset, 2007

LA PENSÉE DE MIDI. ARCHÉOLOGIE D'UNE GAUCHE LIBER-TAIRE, Galilée, 2007

THÉORIE DU VOYAGE. POÉTIQUE DE LA GÉOGRAPHIE, LGF, 2007

LES ULTRAS DES LUMIÈRES, Grasset, 2007

LES BÛCHERS DE BÉNARÈS. COSMOS, ÉROS ET THANATOS, Galilée, 2008

LE CHIFFRE DE LA PEINTURE. L'ŒUVRE DE VALERIO ADAMI, Galilée, 2008

L'EUDÉMONISME SOCIAL, Grasset, 2008

L'INNOCENCE DU DEVENIR. LA VIE DE FRÉDÉRIC NIETZSCHE, Galilée, 2008

LE SONGE D'EICHMANN. PRÉCÉDÉ DE : UN KANTIEN CHEZ LES NAZIS, Galilée, 2008

LE SOUCI DES PLAISIRS. CONSTRUCTION D'UNE ÉROTIQUE SOLAIRE, Flammarion, 2008

LA VITESSE DES SIMULACRES. LES SCULPTURES DE POLLÈS, Galilée, 2008

L'APICULTEUR ET LES INDIENS. LA PEINTURE DE GÉRARD GAROUSTE, Galilée, 2009

LES RADICALITÉS EXISTENTIELLES, Grasset, 2009

LE RECOURS AUX FORÊTS. LA TENTATION DE DÉMOCRITE, Galilée, 2009

LA RELIGION DU POIGNARD. ÉLOGE DE CHARLOTTE CORDAY, Galilée, 2009

LE CRÉPUSCULE D'UNE IDOLE. L'AFFABULATION FREUDIENNE, Grasset, 2010

APOSTILLE AU CRÉPUSCULE. POUR UNE PSYCHANALYSE NON FREUDIENNE, Grasset, 2010

PHILOSOPHER COMME UN CHIEN, Galilée, 2010

LA CONSTRUCTION DU SURHOMME, Grasset, 2011

MANIFESTE HÉDONISTE, Autrement, 2011

L'ORDRE LIBERTAIRE. LA VIE PHILOSOPHIQUE D'ALBERT CAMUS, Flammarion, 2012

LE POSTANARCHISME EXPLIQUÉ À MA GRAND-MÈRE. LE PRINCIPE DE GULLIVER, Galilée, 2012

RENDRE LA RAISON POPULAIRE. UNIVERSITÉ POPULAIRE, MODE D'EMPLOI, Autrement, 2012

LA SAGESSE DES ABEILLES. PREMIÈRE LEÇON DE DÉMOCRITE, Galilée, 2012

VIES & MORT D'UN DANDY. CONSTRUCTION D'UN MYTHE, Galilée, 2012

LE CANARI DU NAZI. ESSAIS SUR LA MONSTRUOSITÉ, Collectif, Autrement, 2013

LES CONSCIENCES RÉFRACTAIRES, Grasset, 2013

LA CONSTELLATION DE LA BALEINE. LE SONGE DE DÉMOCRITE, Galilée, 2013

LES FREUDIENS HÉRÉTIQUES, Grasset, 2013

LE MAGNÉTISME DES SOLSTICES, Flammarion, 2013

LA RAISON DES SORTILÈGES. ENTRETIENS SUR LA MUSIQUE, Autrement, 2013

UN REQUIEM ATHÉE, Galilée, 2013

AVANT LE SILENCE. HAÏKUS D'UNE ANNÉE, Galilée, 2014

BESTIAIRE NIETZSCHÉEN. LES ANIMAUX PHILOSOPHIQUES, Galilée, 2014

LA PASSION DE LA MÉCHANCETÉ. SUR UN PRÉTENDU DIVIN MARQUIS, Autrement, 2014

LE RÉEL N'A PAS EU LIEU. LE PRINCIPE DE DON QUICHOTTE, Autrement, 2014

TRANSE EST CONNAISSANCE. UN CHAMANE NOMMÉ COMBAS, Flammarion, 2014

COSMOS. UNE ONTOLOGIE MATÉRIALISTE, Flammarion, 2015

HAUTE ÉCOLE. BRÈVE HISTOIRE DU CHEVAL PHILOSOPHIQUE, Flammarion, 2015

LES PETITS SERPENTS. AVANT LE SILENCE, II, Galilée, 2015

L'ÉCLIPSE DE L'ÉCLIPSE. AVANT LE SILENCE, III, Galilée, 2016

LA FORCE DU SEXE FAIBLE. CONTRE-HISTOIRE DE LA RÉVOLUTION FRANÇAISE, Autrement, 2016

LE MIROIR AUX ALOUETTES. PRINCIPES D'ATHÉISME SOCIAL, Plon, 2016

PENSER L'ISLAM, Grasset, 2016

LA COUR DES MIRACLES. CARNETS DE PROVINCE, L'Observatoire, 2017

DÉCADENCE. VIE ET MORT DU JUDÉO-CHRISTIANISME, Flammarion, 2017

DÉCOLONISER LES PROVINCES. CONTRIBUTION AUX PRÉSIDENTIELLES, L'Observatoire, 2017

NAGER AVEC LES PIRANHAS. CARNET GUYANAIS, Gallimard, 2017

Composition : Entrelignes (64)
Achevé d'imprimer
par Normandie Roto Impression s.a.s.
61250 Lonrai, en octobre 2017
Dépôt légal : octobre 2017
Numéro d'imprimeur : 1704175

ISBN : 978-2-07-272315-5 / Imprimé en France

315713